Cartas aos Amigos
*Caio Porfírio Carneiro
e Fábio Lucas*

Memória Brasileira 37

João Antônio
Cartas aos Amigos Caio Porfírio Carneiro
e Fábio Lucas

João Antônio

Cartas aos Amigos
Caio Porfírio Carneiro
e
Fábio Lucas

Ateliê Editorial

Direitos reservados e protegidos pela Lei 9.610 de 19.02.98. É proibida a reprodução total ou parcial sem autorização, por escrito, da editora.

Dados Internacionais de Catalogação na Publicação (CIP)
(Câmara Brasileira do Livro, SP, Brasil)

Antônio, João, 1937-1996.
Cartas aos amigos Caio Porfírio Carneiro e Fábio Lucas / João Antônio. – Cotia, SP: Ateliê Editorial; São Paulo: Oficina do Livro Rubens Borba de Moraes, 2004.

ISBN: 85-7480-249-2

1. Antônio, João, 1937-1996 2. Carneiro, Caio Porfírio, 1928- 3. Cartas brasileiras 4. Lucas, Fábio, 1931- I. Título.

04-4129   CDD-869.96

Índices para catálogo sistemático:
1. Cartas: Literatura brasileira   869.96

Direitos reservados à

ATELIÊ EDITORIAL
R. Manoel Pereira Leite, 15
06709-280 – Cotia – SP
Telefax (11) 4612-9666
www.atelie.com.br

OFICINA DO LIVRO
R. Gaspar Lourenço, 587
04107-001 – São Paulo – SP
Telefax (11) 5571-5830
claudioliber@yahoo.com.br

Printed in Brazil   2005
Foi feito depósito legal

Um último aviso, filho meu:
Fazer livros é um trabalho sem fim.
Eclesiastes, 12, 12.

Sumário

9   Apresentação

11   Cartas a Caio Porfírio Carneiro

79   O Amigo João Antônio,
           Caio Porfírio Carneiro

87   Cartas a Fábio Lucas

135 Reminiscências de João Antônio,
           Fábio Lucas

141 Literatura Pode Gerar Amizade,
           Manoel Lobato

145 Índice Onomástico

Apresentação

Realmente já não me lembro como soube das cartas de João Antônio para Fábio Lucas, que me levou às endereçadas a Caio Porfírio Carneiro. Entusiasmado para publicá-las, saí à cata de outros contatos, outras missivas, mais informações. Envolvido pelo cotidiano perdi o prumo e o rumo.

Afinal, era hora de devolver os originais. Resolvi antes relê-los e... deixando de lado maiores elaborações, digitei numa semana o material todo, eliminando cumprimentos, despedidas e outras platitudes. A menos do que me pareceu inteiramente supérfluo, nenhuma censura. (Minto: apenas uma, por trazer referência delicada a personagem viva.)

Quando da entrega do texto editado aos destinatários, pedi-lhes que, relendo ou relembrando esses antigos diálogos escritos, acrescentassem algumas linhas a respeito do amigo. Por referido em cartas a Fábio Lucas, estendi o pedido a Manoel Lobato. Eis tudo.

Acredito ajudem estas páginas na definição dos contornos biográficos de João Antônio.

C. Giordano

Cartas a
Caio Porfírio Carneiro
(Período de 1965 a 1982)

Rio de Janeiro, 31 de janeiro de 70.

Prezado Caio Porfírio Carneiro.

Chegando de viagem a serviço, encontro sua carta. Peço-lhe desculpas, mas apenas agora me cabe responder-la.

Por incrível que lhe pareça a sua carta não me apanhou desprevenido. Há meses e meses, Pavla Lidmilová, minha tradutora da Tchecoslováquia, me escrevia, até insistentemente, perguntando-me se eu havia ou não recebido uma remessa especial de discos do folclore tcheco que ela me enviara, via aérea registrada. Minha resposta foi sempre não. Pois, Caio, a verdade líquida e certa é que não recebi mesmo até hoje o tal pacote com discos. O Departamento dos Correios e Telégrafos agora anda fogo, de uma severidade inédita. Carteiros estão indo para o ôlho da rua e mais medidas drásticas estão sendo tomadas.

Talvez por isso, diante das insistências que terá feito Pavla Lidmilová, os homens do Departamento dos Correios e Telégrafos tenham tomado providências. Lamento muito, sobretudo, o trabalho que estou lhe dando, não deliberadamente, é claro. Mas o fato líquido e certo é que até o presente momento nada recebi da Tchecoslováquia em têrmos de pacotes de discos. A tal assinatura nos recibos, posso garantir, não fui eu quem fiz. Para provar ao Departamento dos Correios e Telégrafos, grafo abaixo, minha assinatura e rubrica habituais (não uso outras):

Muito obrigado pelas notícias e perdoe-me, antecipadamente, o trabalho que lhe estou dando.

Aceite o abraço amigo do

João Antônio

Revista "Fatos e Fotos"
Rua do Russell, 804 - 7º andar
RIO DE JANEIRO - (GB)

1965

Rio de Janeiro, 27 de março de 1965.

Velho Caio, grandes abraços acariocados aqui deste seu chapola. Faço reportagem e redação aqui no *JB*, no Caderno B — uma das melhores publicações do jornalismo carioca. Pelo menos é a opinião de intelectuais como Fausto Cunha, Hélio Pólvora, Mário da Silva Brito.

[...]

Alguém perguntando por mim aí em São Paulo, na UBE ou qualquer canto, vá dizendo que estou no Rio. Trabalhando, vivendo, amando, bebendo, fandangando e praiando. Na graça de Deus.

E diga-lhes, especialmente, que o João Antônio é um cara que tem um grande sentido do trágico. Portanto, procura, para amenizar os dramas terríveis de sua curta vida, festejar enfeitando sua curta vida. Do pitoresco, do marinho. E muito particularmente, da beleza de tom das formas mulatas. Assino e dou fé.

Rio de Janeiro, 8 de abril de 1965.

Tudo recebido e certinho. Correspondência em ordem. Muito obrigado. Com o tempo você irá ficando livre da incomodação: ando já passando meu endereço carioca a vários amigos de diversos cantos do Brasil. (Não é ostentação, velho: é que me chegam envelopes de algumas partes. Além do que, fique certo de que o João Antônio ainda não está jogando no time de escritor-maior do sr. romancista Esdras do Nascimento... Creia.)

[...]

Abraços gerais a todos aí. Dê, se puder, meu endereço aos bons. Aos ruins, diga que estou na fossa. Aos bons, diga que vivo bem e luto no Rio. E só.

Rio de Janeiro, 26 de abril de 1965.

Qual a razão do seu silêncio, meu velho? A eterna e nunca superada crise política; a queda da indústria automobilística, a queda do comércio, mal e mal se agüentando com a baixa dos preços; a cotação dolária; o Prêmio Walmap que foi dado a Assis Brasil; o novo romance — romance maior — de Esdras do Nascimento, *Tiro na Memória*; ou explodiu alguma paixão danada aí no seu coração; ou a morte do Prestes Maia; ou a libertação do Arraes; ou o desemprego em massa; ou o plano de Milton Campos; ou as novelas policiais da *Última Hora*; ou o *show* "Opinião" no Teatro de Arena; ou a bomba que jogaram em *O Estado de S. Paulo*, ou a última façanha do cosmonauta soviético? Que foi, velhão?

Que é que há, meu chapinha? Tudo certinho aí? Como vai a UBE e meus bons amigos? O Hermann, o Ibiapaba, o Raimundo de Menezes, o Paulo Dantas, o Lindolf Bell? Como vão e onde andam?

Visitei ainda domingo Guido Wilmar Sassi. Grande papo. Nasceu um filho de Esdras do Nascimento. Arrumei nova mulata na Gávea — um primor de excelências e, para ser mais dela, dei ao abandono todos os alcalóides etílicos ou metílicos. Definitivamente — não bebo mais. Creia, se quiser. Essa mulata merece tudo.

Rio de Janeiro, 12 de maio de 1965.

Realmente em Madri andam dando bastante atenção ao vagabundo João Antônio e a seus três comparsas, apelidados Malagueta, Bacanaço e menino Perus. Deve ser gente muito generosa e mui ingênua para dar tantas confianças a quatro picaretas e vigaristas da marca de João Antônio e seus conluiados irmãozinhos da noite e da gandaia. Pobres espanhóis.

[...]

Falei ao Ênio hoje. Falei ao Mário da Silva Brito hoje. Falei ao Fausto Cunha hoje. Sempre sobre você. Resultado: o Ênio vai lhe publicar *O Sal da Terra*. Fique descansado. Quando? Ninguém sabe ao certo, ele mesmo está lutando com dificuldades sérias ou, diz que. O Fausto Cunha está realmente interessado em um livro de novelas suas. Entretanto, você não poderá oferecer o volume *O Sal da Terra* para Fausto. Seria "cornear" a Civilização Brasileira, numa demonstração de evidente falta ética. Morou? Pois. 'Güenta a mão, meu chapa. E manda-me, quando tiver pronto, seu novo volume de novelas. Essas o Fausto Cunha (Editora Lidador) publica com toda a garantia.

Esdras do Nascimento partiu para a publicação de seu terceiro romance. *Tiro na Memória*. Vendendo os tubos cá no Rio de Janeiro, de acordo com declarações dele mesmo. Não sei não, Caio. O Esdras é um sujeito superorganizado e vivaço, e é bem capaz de acabar vivendo de literatura. Ele me prometeu escrever vinte romances nos próximos vinte anos. E é um homem que sabe se promover. Usa todas as armas. Não sei, não. A verdade é que *Solidão em Família* está oficialmente esgotado e *Convite ao Desespero* está indo para o mesmo rumo. *Tiro na Memória* acabará tomando idêntico destino. Veja lá. Ele sabe se promover.

[...]

Continuo no *Jornal do Brasil*, mandando minha brasinha e mandando brasa também na vida carioca.

Porque li, dia desses, num parachoque de caminhão em Cabo Frio: "SE O NOSSO AMOR AGORA É CINZA, É PORQUE JÁ MANDAMOS BRASA".

Rio, 28 de maio de 1965.

Boas! Não sei se já lhe contaram aí, mas o fato é que ganhei mais um prêmio literário com *Malagueta, Perus e Bacanaço*. Desta vez foi o "Prêmio Câmara Municipal de São Paulo". Um segundo prêmio que dá direito à grandiosa dotação de R$20 mil. É o fim, Caio. (E ainda não vi os CR$). Mas, deixa pra lá. Que há calamidades maiores neste lindo País.
[...]
Olha, velho. Estão me surgindo algumas oportunidades de publicação de prosa (conto e novela) aqui no Rio. O Fausto Cunha continua interessado, virtualmente, é claro, num livro *seu* de novelas. Posso publicar contos aqui nos *Cadernos Brasileiros* e na revista *Ficção*, que está prestes a ser lançada e que, muito provavelmente, será uma boa revista. Guido Wilmar Sassi e Jorge Amado e Guimarães Rosa já foram convidados. O João Antônio, modéstia à parte, está na jogada também. Você e o Hermann não querem me enviar alguns trabalhos inéditos para a gente experimentar? Não se esqueçam de autorizar, nos próprios originais, a publicação. "Autorizo a publicação" (e assinatura).
[...]
P.S. Ênio Silveira foi preso ainda mais uma vez. Desta, pelo Exército. Antônio Callado esteve comigo aqui no *Jornal do Brasil*. Está-se fazendo um Manifesto sério sobre a questão. Como você pode imaginar, com as questões de São Domingos e Bolívia, o Rio político e

intelectual está fervendo. Chegou-me ontem à noite um repórter da Bolívia, que partiu em missão especial.

Pelo que se cheira no ar, desta vez a coisa não é sopa. A América do Sul está no ponto, Caio.

Rio, 30 de maio de 1965.

Viva!

Obrigado e muito pela remessa toda. Legal. Bacana. O João Antônio é o tipo que mesmo à distância dá trabalho, não é? Desculpe, meu irmão.

Caio, fique tranqüilo quanto à Civilização. Palavra de Ênio Silveira + Mário da Silva Brito não é brinquedo. Ênio continua preso exatamente por isso — é um homem que sustenta as posições e decisões tomadas.

[...]

Envio-lhe *João Antônio y la Picaresca Paulista* que você me fará o favor de entregar ao Arroyo. Ele que me faça uma nota na *Folha de S. Paulo*, não se esquecendo de dizer que estou vivendo, trabalhando e amando fixado no Rio de Quatrocentos Janeiros. Contente e achando que deveria ter vindo antes. Que na nota se diga no *Jornal do Brasil* sou repórter especial do Caderno B. Matérias assinadas e outras que tais. Pois.

Rio, Zona Centro, em 1º de junho de 1965.

Continuo acariocado. O pifa que apanhei ontem foi em Laranjeiras, ou nas Laranjeiras, com o perigoso Marques Rebelo. Conhaque, especificamente.

Rio, 22 de agosto de 1965.

Nunca me esqueço dos amigos. E ainda estou com a alma pura, pura, embora o corpo esteja carcomido pelas delícias dos pecados panseanais[?]. *Et in vino veritas!*

Viva o pecado!

Salve, Caio, um maluquinho te saúda!

Acabo de ser traduzido em Buenos Aires. O recorte do Caderno B, aí anexo, atesta, apresentando a reprodução da capa de *Crônicas de América*. Leia e me faça três favores. Mostre ao Hermann. Peça ao Henrique L. Alves que noticie. E me devolva este recorte que preciso dele. Como você vê, os meus malandros estão caminhando. Os meus contos em língua espanhola estão ganhando terreno.

[...]

E como vai o Amir Vieira, o sumido que não me escreve mais? Puxe-lhe as orelhas. Safadão. Ele que me mande contos. (Uma cópia de "A Intrusa".)

Estou atualmente, além do trabalho no *Jornal do Brasil*, preparando a tradução de uma obra-prima. Trata-se de *Los Siete Locos* de Roberto Arlt, um doido que antecipou a literatura e vida argentinas em mais de vinte anos. Estou trabalhando sob encomenda, mas quem escolheu o livro fui eu.

Rio, 20 de setembro de 1965.

Vá para o raio que o parta, antes que eu me esqueça! Merda pra você. Deixa de me gozar com suas cartas povoadas de leros e protocolos. Se você ainda fosse uma crioula ou mulata bem enxutinha, bem que eu poderia admitir tais liberdades. Mas você é um merduncha dum marmanjo muito do crescidinho e não devo admitir tais enchimentos de saco. Merda, portanto para você. E vamos ao que interessa.

Ando, como você deve saber aí em São Paulo, ocupadíssimo com as *starlets* que compõem a beleza feminina do Festival Internacional do Filme. Na qualidade de repórter-especial do "Caderno B" do *Jornal do Brasil*, não posso deixar minhas irmãs desamparadas. Vivo no Copacabana Palace, na areia da praia e nos corredores do Cine Rian, Copacabana Posto 5 e meio, pesquisando formas e pescando novas. É de lascar, meu irmão. Falando claro: ando tonto diante de tanta bucetinha em flor. Taí, bom título pra livro — *À Sombra das Bucetinhas em Flor*. E o chato do Proust que vá lamber sabão!

Rio de Janeiro, 2 de outubro de 1965.

Agradeço-lhe a carta restauradora da anterior me gozando em grande estilo. Tudo certo. Felizmente, o tom agora foi outro. Quanto ao fato de nossas mútuas ajudas, parece-me que não fazemos mais do que nossa obrigação e interesse, pois, caso contrário, jamais chegaremos no Brasil à condição de escritores profissionais. É necessário lutar e muito que, para ser gente, é necessário lutar como um demônio. A vida não deixa por menos, meu velho. O bicho pode vencer, mas tem de vencer com cabelos brancos e rugas na cara. É.

Muito boa a situação do seu livro na Civilização Brasileira. Está quase pronto e na segunda-feira a orelha feita por mim irá para as oficinas. Quanto ao Mário da Silva Brito, devo-lhe adiantar que a vida dele é de um ritmo febricitante aqui no Rio. Mário tem tempo para muito pouco. E Ênio Silveira menos ainda. Tudo isto acontece pela própria natureza do negócio editorial no Brasil: cada nova jogada é uma cartada definitiva.

O seu programa de lançamento em São Paulo, Rio e Ceará é simplesmente excelente. Mande brasa e venda o seu livro, faça força. Nós, escritores brasileiros, precisamos nos firmar junto ao público. Cada promoção que se faz é um passo, temos que ganhar tempo, passo a passo. Você sabe disto tão bem quanto eu. Dentro do que me é permitido na imprensa, promoverei sempre o livro. Somos um País de analfabetos e temos que mudar a situação de um jeito ou de outro. Cada nova publicação como a sua, depondo sobre o problema nacional, acusando algo, revelando problemas novos, é um passo, uma contribuição. E vale.

Os lançamentos com tarde de autógrafos no Rio de Janeiro não obtêm o mesmo sucesso paulistano. O carioca é mais folgado, mais sintético nessa coisa de se locomover de lá para cá. Por exemplo, o sujeito que mora na Lapa ou na Penha ou no Cambuci, aí em São Paulo, não titubeará em se mandar para um lançamento na Rua Marconi, Livraria Teixeira. Contudo, o morador de Copa, Botafogo ou Laranjeiras não se locomoverá a um lançamento na Tijuca, por exemplo. É outro tipo de gente, entendeu? Portanto, São Paulo é importantíssimo como resultado de vendas em lançamento. Lute pelo *O Sal da Terra* e anime o Hermann a lutar pelo seu *A Outra Infância*. Nós precisamos lutar pela literatura que fazemos.

A entrevista publicada em *Leitura*, por exemplo, não é exatamente apenas um exercício da minha promoção e da minha vaidade. É uma forma de levantar interesses, não apenas para *Malagueta, Perus e Bacanaço* e para *Paulinho Perna Torta*. O escritor novo tem de falar alguma coisa a seu público, embora seja isto ou aquilo em termos de política, religião ou filosofia. Afinal, até quando os Morris West, os Ian Fleming e os Pearl Buck venderão mais livros que os autores nacionais? E por que vendem mais? Porque são promovidos e se fala neles. Temos que lutar juntos. Escrever e lutar pelo que escrevemos.

[...]

Mande brasa nas conferências no interior. Ótimo que esteja fazendo sucesso.

[...]

Desculpe o papel (mas não queria perder a oportunidade de meter tudo no correio ainda hoje). No Rio de Janeiro se aprende a não perder tempo. E *sem pressa*. É mais um contraste, como tudo aqui.

Rio de Janeiro, 13 de novembro de 1965.

Preciso de um favorzinho seu. Estou concorrendo a um prêmio literário aí em São Paulo. É um concurso promovido pelo Pen Club. Estou concorrendo com *Malagueta, Perus e Bacanaço*. Você poderia fazer um telefonema para lá, sabendo a quantas anda o tal concurso? Muito obrigado: trata-se de um tutu razoável, CR$250,00, e não quero perder de vista. Grato.

Não queira saber como ando ocupado, rapaz! Estou, este mês, com um rombo de cento e cinqüenta mil pratas no orçamento. A suspensão da revista *Reunião* brecou-me esse dinheiro. Então, é um tal de pular como sapo. Vou aproveitar estes feriados para mandar brasa em colaborações outras. Entretanto, o Hélio Pólvora pediu-me que eu o fosse substituir agora na segunda-feira no *copydesk* do *Diário Carioca* e eu não pude dizer não.

Estou puto dentro da roupa com essa história de meu casamento. Uma bosta muito grande é o desfile das vaidades pequeno-burguesas, a limitação mítico-religiosa em que vivem nossos pais, avós, e etc. É uma lástima. O criador do marxismo tinha razão: essas famílias precisam ser exterminadas. Porque vivem e se agasalham de mentiras. Ademais, estarei firmando um contrato em que não acredito e muito menos respeito. O próprio amor é falível e não creio que esse tipo de união esteja fadado a durar. Entretanto...

[...]

Caso-me a 11 de dezembro. Marília, a parte outra interessada no contrato, lhe enviará convite oficial da palhaçada.

E tchau, chapola!

Rio de Janeiro, 24 de novembro de 1965.

Está se passando, muito possivelmente, um equívoco quanto à verdadeira data do meu casamento. Não é dia 20 e sim dia ONZE de dezembro agora. A Ilka me escreveu pensando que fosse dia 20. Falando nisso, você e os companheiros aí da UBE já receberam o odioso convite oficial? Diga-me, rapaz.

[...]

Tenho tido tal ritmo de trabalho aqui no Rio que não vem me sobrando tempo nem para uma chegada à praia, imagine como não penso nesse casamento? Que nada, rapaz! Estou dopado de trabalhos. É *Jornal do Brasil*, é *Civilização Brasileira*, é *Cadernos Brasileiros*, é revista *Ficção*. Termino maluco e a família vai ficar ignorando a causa. É.

E eu, Caio, que sou uma das maiores vocações de vagabundo das tantas que já apareceram no Rio de Janeiro.

[...]

O livro do Hermann está sai, não sai. Diga ao Prefeito da *Travessa do Elefante, Sem Número* que *A Outra Infância* vem aí, em capa do Hirsch e outros tratamentos. Talvez antes mesmo da chegada desta minha carta a São Paulo. Cumprimente-o por mim. Obrigado.

Encerro meus últimos dias de solteirice num ritmo de trabalho mais febricitante do que muitos dos homens casados que conheço.

Após o Ato Institucional, o novo e terrível aumento do dólar, está nos obrigando (como a todos) a ganhar mais e mais. Senão, faltará para as necessidades mais imediatas.

[...]

Eu não insisto em convidá-lo para o meu casamento, pois sei que Jaú fica a cinco horas de ônibus de São Paulo. E cá entre nós que ninguém nos ouve, eu mesmo, João Antônio, só irei porque sou obrigado. Mas quando quiser aparecer, haverá alegria para mim e Marília.

Mande-me novas. E se quiser (e puder) dê uma chegada a Jaú para assistir ao "enforcamento" deste seu camaraduncho, o ainda solteiro

João Antônio

Rio de Janeiro, 5 de dezembro de 1965.

Recebi *Os Caminhos da Memória* que prometo ler e com toda a atenção. Também fica de pé a possibilidade de publicar uma reportagem sobre o autor, Carlos Frydman. Você sabe que eu podendo...

Faça as perguntas ao Frydman e me envie tudo. Estudarei. Veja lá: havendo possibilidade, mande mais de uma foto, que é para a gente aqui no *Jornal do Brasil* escolher, selecionar. Aliás, já está na hora de você me enviar também material para uma reportagem sobre *O Sal da Terra*. Por que você não aproveita e não me remete tudo junto?

[...]

As condições para publicação de contos aqui no Rio, a exemplo de quaisquer publicações culturais, pioram bem, após a série de Atos nº 2, 3, 4 etc. A situação geral da cultura piorou bastante, como você já deve estar sabendo.

Entreguei, contudo, o seu conto ao Cícero Sandroni, editor de *Ficção*. Aliás, passei ao Sandroni uma série de trabalhos ficcionais. Vamos aguardar. Mande-me, se quiser, outros originais.

O Hermann deve andar contentíssimo com *A Outra Infância*. E não é para menos.

Quanto ao *O Sal da Terra*, meu velho, a palavra agora é aguardar mais um pouquinho só.

Com essa história de casamento, deverei sair do ar na imprensa carioca, quando menos por dez dias. Mas voltando e encontrando material bom sobre você e o Frydman, recomeçarei meus trabalhos.

Efetivamente, estamos passando um fim de ano de aperturas danadas. A classe média está sendo esmagada, os sindicatos desarticulados, vejo péssimas perspectivas econômicas para 66. Não sei como anda o mercado de empregos aí em São Paulo. Mas no Rio caiu muito.

Caio, não esqueça do seguinte: quanto à promoção de livros, São Paulo é uma praça e o Rio outra. Tarde ou noite de autógrafos funciona bem aí. Mas aqui é um fracasso. O que interessa em ambas as metrópoles é movimentar a coisa livro pela imprensa, Vá, desde já, mexendo os seus pausinhos. Aqui no Rio, conte comigo.

1966

Rio de Janeiro, 26 de fevereiro de 1966.

O ambiente no *Jornal do Brasil* continua muito semelhante ainda àquele que você conheceu. O Solano Trindade e esposa apareceram aqui e também não pude dar todo o apoio promocional que queria. Ainda não tive jeito de fazer matéria sobre você e o Hermann. Apenas matérias especiais (e muito) estão merecendo aparecer assinadas. Foi o caso de duas minhas, saídas ontem e hoje sobre a crise atual do teatro ("Os Duros Dias do Teatro"), pegando página inteira do *Jornal do Brasil*. Você, podendo, faça o favor de explicar isso ao Hermann. Não quero que ele pense que estou passando os meus amigos para trás. Por minha vontade, você sabe, isso tudo não estaria acontecendo.

O Carnaval foi bom mesmo. O melhor desfile das Escolas de Samba, de Rancho e das Grandes Sociedades. Em compensação houve o baile dos cagões e cagonas do Municipal e o povo-povo nas ruas não esteve tão alegre não, pois o dinheiro (como todos sabemos) anda curto de verdade.

Trabalho muito. Solicitações também. Perspectivas mais ou menos paradas no sentido de uma grande melhora coletiva. Pelo contrário, o cinto está arrochando e o carioca vai pulando como sapo pra escapar da miséria. Que campeia firme, não dando colher de chá a ninguém e não botando azeitona na empada de cidadão algum. Dureza geral: todo mundo precisando de tutu. *In tutu veritas.*

Estou esperando a chegada dos dois milhões de cruzeiros a lhe render seis (6%) por cento ao mês, devendo-lhe eu enviar mensalmente Cr$120.000,00. Já investiguei o mercado e vejo que não será difícil colocar bem colocado com garantias gordas. Veja se se resolve com alguma rapidez, pois tempo é dinheiro. E mais especificamente, no caso, tempo é juros.

Também aguardo a chegada de um bom pedido de biografias. Minha mulher está em forma datilográfica e redacional para mandar brasa. E eu, você já conhece o instrumento velho que uso para tirar o pé da lama, levantando um tutu com alguma dignidade.

Rio de Janeiro, 10 de março de 1966.

Você não perde mesmo a mania de me tratar de João. Já lhe disse um bilhão de vezes que meu nome é João Antônio. E que João, após o advento de Garrincha, mestre ora exilado em São Paulo pro Corínthians Paulista, a palavra João ficou sendo apenas joão. Isto é, substantivo simples, comum, nome de coisa e não nome de gente. João, sozinho, após o advento do mestre Mané, é sinônimo de trouxa, mocorongo, cavalo-de-teta e outros penduricalhos. Veja lá: meu nome é João Antônio. Portanto, mais respeito com este pobre autor.

[...]

O ambiente literário no Rio anda meio parado. Pouco se fala e quando se fala é de pouca gente. Vamos ver se a coisa melhora agora, com a chegada do Suplemento Literário do *Diário de Notícias*, que o Lêdo Ivo vai dirigir e que, provavelmente, venha atiçar mais os outros jornais, pelo menos na parte de literatura. O Rio está precisando e muito. Fala-se também na volta da revista *Senhor*. Mas tudo fica apenas no terreno da falação. Agora é a época do surto do livro didático, portanto não convém arriscar perspectivas para o futuro. Mas a Civilização está dando uma mancada grossa com os autores nacionais. Deu ao abandono livros de contos de valor (Maria Geralda do Amaral Mello, Mário Peixoto, André Figueiredo) e já programou até agosto deste ano uma porrada de autores e sub-autores estrangeiros, inclusive péssimos policiais ingleses (Scotland Yard, por exemplo).

A situação no *Jornal do Brasil* continua a mesma. Acho bom que eu vá levantando outras frentes, noutros jornais e revistas. Ali a coisa não está dando pé, principalmente do ponto de vista literário. Mas, não se preocupe, Caio: estou vivo, circulando, e fatalmente conseguirei obter um veículo qualquer para meter artigos, reportagens literárias e que tais.

Rio de Janeiro, 29 de março de 1966.

O Rio literário e artístico está meio modorrento. As editoras estão com o movimento bem decrescido, em decorrência da própria crise e também da época, que é do livro didático e de mais nada.

Esdras do Nascimento, depois que o Ênio se negou terminantemente a partir para uma segunda edição de *Solidão em Família,* anda meio de nariz torcido (cá entre nós que ninguém nos ouve). E cá entre nós que ninguém nos ouve, posso-lhe garantir que o menino andava mesmo de nariz muito em pé, pensando em viver apenas de direitos autorais e outras coisas. Acho que o Esdras não sabe que vive no Brasil em 1966.

São Paulo, 11 de maio de 1966.

E viva a revolução de 64 que elevou o País ao nível das maiores potências internacionais! Acabou com a fome, diminuiu a inflação, exterminou com a onda aumentista, incrementou a indústria e a agricultura e a pecuária, levantou novas fontes de crédito e comércio exterior, aproveitou a Amazônia e, muito particularmente: acabou com a cambada de exploradores do povo. Os esquerdistas, vermelhões desavergonhados que comem criancinhas assadas no espeto! Viva, portanto, os bambam-bans da democracia! Os bons filhos da terra e pais da pátria amada. Salve, salve! E vamos todos cirandar.

Pois. Caio, estamos boiando num mar de merda. Estamos no Paraíso do capital e da mentira. Aqui no Rio, só nos falta mesmo é vender o Pão de Açúcar, arrendar o Corcovado e tirar sangue da Pedra da Gávea. Porque não tem mais por onde pular e de onde arrancar o tutu nosso de cada dia.

[...]

O teatro, o livro estão atravessando uma fase danada. Eles não estão *em* crise. Eles estão *na* crise. A presente feira da Cinelândia está dando um senhor prejuízo, onde só aparece ladrão de livro e paquerador. Comprar mesmo, que é bom, nada, nada. Nadinha. Fausto Cunha me informou, ontem à noite, que a atual feira vai é dar um prejuízo. Por outro lado, os livreiros reclamam que, além do livro didático, nada se passa pra frente.

Enquanto isso, ninguém entende mais nada: a Civilização que recusou originais de autores nacionais de valor indiscutível, já aprovados pelo Conselho de Leitores, acaba de partir para uma linha de escritores norteamericanos e policiais da Scotland Yard. A temporada anda confusa mesmo. É.

Rio de Janeiro, 7 de junho de 1966.

Não vou lhe repetir que no Rio de Janeiro continua-se na cabeça de uma crise. Acredito que o resto do

País está mergulhado na merda. E, exceção feita ao extremo sul do Brasil (onde realmente as coisas ainda andam mais ou menos bem) o resto anda comendo o pão que o diabo amassou.

Caio: ando tomando contato com alguns brasileiros de outros Estados. Sabe, meu velho: o Brasil é um monte de países diferentes. Completamente diferentes. E o pior, não existe a mínima unidade nacional, pelo menos no homem-comum, nessa criatura que os políticos dizem pertencer ao povo-povo. Os cariocas não querem nem saber o que se passa noutros Estados, os sulistas (Rio Grande do Sul, Paraná, Santa Catarina etc.) ouvem as perguntas sobre a revolução ("revolução") de 64 e perguntam:

— Mas que revolução? Quando foi essa revolução?

No Rio não se toma conhecimento de São Paulo. Nem se dá conta de que São Paulo existe. Ninguém dá a mínima bola.

É impressionante, velho. Somos estrangeiros vivendo na mesma terra. O individualismo que nos caracteriza é um fenômeno brutal. Cada sujeito procura se bastar a si próprio e pronto. Nada mais. O que se passa com o vizinho, pouco se lhe dá.

Como também é pequeno o nosso sentimento tribal! Mineiros formam a sua curriola, a sua igrejinha, ali não entra mais ninguém que não seja mineiro. Paulistas, idem. Nordestinos, idem. Sulistas, idem. É impressionante, Caio. O Brasil, como país unitário, simplesmente não existe ainda.

Rio de Janeiro, 22 de junho de 1966.

A temporada editorial é das piores. Fazer um livro, hoje em dia, principalmente de ficção e mais particularmente, de ficção brasileira, e mais especificamente de conto brasileiro, é mais do que simplesmente uma temeridade. O próprio Dalton Trevisan, que pintaram e bordaram de tal jeito, que fizeram dele (pelo menos aqui no Rio) uma vaca sagrada, constitui um fato lamentável. A Civilização Brasileira, através do Mário da Silva Brito, me garante que Dalton não vende. É.

Agora, apesar de todo o movimento de encolher barrigas, a Civilização resolveu lançar um livro de contos recomendado e levado por mim à editora faz dois anos. *As Três Quedas do Pássaro*, da Maria Geralda do Amaral Mello. O livro, na pobre opinião deste aqui, é uma reunião de peças excepcionais. Entretanto, é uma opinião. E para a editora, o passo será uma verdadeira aventura.

Rio de Janeiro, 11 de julho de 1966.

Aqui as coisas correm sem grandes novidades. O José Condé ia, juntamente com o Waldemar Cavalcanti, dirigir uma revista-livro de peso aqui no Rio. Convidaram-me para uma série de trabalhos, inclusive umas reportagens de folego (20 laudas) e uma noveleta (que foi feita). Dois meses depois do papo marcado e acertado, a coisa empacotou na questão... na questão do dinheiro. Acabei ficando na mão e mal apanhei o tutu de uma das colaborações. Mas a revista-livro não sairá mesmo. Mais uma porta fechada.

Afinal, depois de alguns fricotes advindos de uma certa "retração", a Civilização Brasileira resolveu lançar o livro de contos da Maria Geralda do Amaral Mello, *As Três Quedas do Pássaro*. A orelha me foi encomendada pelo Mário da Silva Brito e já fiz. Título: "São Paulo antiquatrocentrão".

Parece-me que o livro da moça deverá ser o melhor lançamento no gênero em 66, mesmo enfrentando o excelente *Estranhos e Assustados*, de Hélio Pólvora. Já leu esse livro?

De resto, poucas novidades neste finzinho de inverno carioca. Pouca praia, alguns passeios, uns joguinhos de leve por aí, uma que outra fêmea em disponibilidade. E nenhum álcool. O médico me proibiu *definitivamente*, pois tenho uma complexa complicação figadal. Como vê, eu não passo de um triste desgraçado.

Rio, 23 de julho de 1966.

Escreveu-me o Hermann, o Amir não me escreve mesmo. O primeiro continua um autêntico lírico do asfalto, com suas loucuras e andanças intimistas, dizendo-me inclusive que se encontrou com você num sábado e que beberam, beberam e beberam. Parabéns! Vocês podem beber e beber. Eu é que tenho de ficar na lei seca durante muito tempo ainda. O segundo (Amir) me esqueceu completamente. Puxe-lhe as orelhas nesse sentido quando o encontrar. O malandrão sumido.

Fiz a orelha do livro de contos, *As Três Quedas do Pássaro*, com um título significativo (ou pretenso a) "São Paulo antiquatrocentão". Maria Geralda do Amaral Mello, a autora, deve andar contentíssima pela publicação na Civilização Brasileira. Afinal, bem ou mal, atrasados ou ainda em tempo, meus três indicados à Civilização Brasileira venceram cabalmente: você, o prefeito da *Travessia do Elefante, Sem Número*, e a Maria Geralda. Sinto-me aliviado, após tantas expectativas e cabeçadas. Enfim, vocês foram publicados. E o agradecido também sou eu.

Se você anda louco para ganhar um pouco mais e não morrer de fome, eu lhe direi que já vendi a Pedra da Gávea e Corcovado repetidas vezes aos turistas estrangeiros. Não sei mais de onde retirar tutu. Já meti tudo no prego. Só falta uma máquina de escrever e alguma prataria que minha mulher ganhou de presente na ocasião do casamento, que o resto já foi tudinho. Estou leso, lesinho, meu irmão: nosso barco é de miséria comum. Ando pulando como sapo e todos os meus conhecidos estão pulando numa corda bamba que até estamos parecendo os ginastas e acrobatas do Circo de Moscou, que andou se exibindo aqui no Maracanãzinho. É. Somos uns puladores, uns artistas autênticos. Nosso grande número apresenta-se sob o título de *Sobreviver Ainda Que de Língua de Fora*. Sem exagero, é fogo!

O fracasso brasileiro no futebol mundial fez crescer o pessimismo aqui. O Rio está triste, encabulado, cabisbaixo, o carioca perdeu o seu natural bom humor. É o diabo. Morreu até gente de emoção, houve desmaios, brigas, chiliques e outras conseqüências dos embelecos que a tal Comissão Técnica andou aprontando pra gente lá nas Europas. E agora estou torcendo para a Coréia.

E, além do mais, quero que tudo mais vá pra o inferno, como talvez dissesse o Roberto Carlos.

Rio de Janeiro, 4 de setembro de 1966.

O fato de você não poder arranjar aquele dinheiro (pelo menos agora) é lamentável porque ambos iríamos entrar em algum tutuzinho a mais, todos os meses. Entretanto, não nos podemos desesperar. É preciso enfrentar o mar de merda em que vivemos, sem fazer marola — para não afogar os outros que também estão na merda.

E viva a democracia cristã, o capitalismo ocidental, o nacionalismo brasileiro, as uniões democráticas, o Fundo Monetário Internacional, o senhor Presidente da República (ainda que não eleito pelo povo) e o Ministro Roberto Campos! Salve, salve! Pátria amada, mãe gentil, lábaro sagrado, embora o teu povo viva de pé no chão e com a barriga vazia! Viva Deus, Pátria e Família! Morte aos comunistas que comem crianças grelhadas, que cagaram e mijaram em cima de todos os conceitos burgueses e que vivem falando na ascensão do proletariado, esses mal-educados fedorentos!

Diga ao Amir que até agora ainda não entendi porque ele está de nariz torcido comigo. Mas estimo que ele esteja ganhando bem, porque tem talento e um bom caráter. Merece tudo isso e o céu também. Quanto ao nariz torcido, eu bem gostaria de saber o motivo.

[...]

Perdi, estou perdendo cada vez mais o entusiasmo diante da Civilização Brasileira. Há novos diretores, pessoas que não me dizem nada e que, a rigor, parece-me que não simpatizam muito comigo. O Ênio não está mais à testa do negócio como antes. O Mário da Silva Brito, honestamente. Não entendo mais nada, a ponto de não saber o que ele *representa* no negócio da Civilização. Há qualquer coisa no ar que todos estão percebendo ali.

[...]

O Hermann escreveu-me, afinal. Parece-me continuar um grande lírico asfáltico, buscador de essências sutis e inconsúteis, quixote da cidade grande e grande amigo das contusões, crises, esbarrões, tropeções e escoriações espirituais. E, antes e sobretudo, um grande praça.

[...]

Sobre esses sentimentos brochas de que você me fala, diante da vida, a coisa é um monstro de muitas cabeças que se vai tornando no Brasil um sentimento negativo quase coletivo. Acho isso o pior sintoma da crise brasileira: um pessimismo geral que vai tomando conta de tudo e que faz o brasileiro pensar assim: "— É assim mesmo, a vida é assim mesmo, não adianta, estamos na merda".

E enquanto isso, os maiores interessados na nossa merda vão nos enrabando sem vaselina.

Rio, 20 de outubro de 1966.

Ando pulando como cabrito montês, meu chapola. Não há tutu que chegue e o papai aqui anda a perigão. Pulando ao som do vil metal que de tão vil nos estraga a vida.

Mil coisas. Uma longa reportagem sobre a Lapa carioca que, se não sair antológica desta vez, meu velho, não sai boa mais nunca. Imagine seis reportagens, para página toda do *Jornal do Brasil*, aí com sete laudas cada uma, levadas em linguagem especial e tendo um tratamento todo pessoal, de uma angulação completamente inédita: a Lapa crua, sem olhos compridos no passado, a Lapa sórdida, embaçada, esburacada e decadente. A Lapa sem grandeza.

Um trabalho longo sobre João do Rio que me foi encomendado pelo nosso chapa Paulo Dantas. E mais um roteiro de diálogos para o meu *Paulinho Perna Torta* que, finalmente, está a um passo para ser filmado em São Paulo pelo Roberto Santos (*Augusto Matraga*) e Maurice Capovilla (*Subterrâneos do Futebol*). Espalhe a notícia que daqui a uns 2-3 meses deverei estar em São Paulo, trabalhando durante dois meses no desespero de

Paulinho. Espero passar uns sessenta dias trabalhando furiosamente na assessoria de direção de *Paulinho*, em plena Boca do Lixo e na ex-zona de meretrício paulista. O Roberto Santos e o Capovilla acham que a minha participação é imprescindível.

Portanto, Caio, você deve imaginar a quantas ando. Abibolado, meu chapinha. Inteiramente abibolado pelo muito o que fazer. Enfim, essa loucura toda também se chama vida.

Politicamente, nem é bom lembrar a quantas andamos. Num mato sem cachorro.

E você, como vão os contos, as novelas, as mulheres, a UBE, o Amir de nariz torcido, o lírico asfáltico Hermann, as crioulas e as mulatinhas em flor (Deus as tenha em bom estado de conservação!), a Avenida São João? Já existe algum dinheirinho aí que a gente possa empregar para arranjar algum dinheirinho a mais?

Rio de Janeiro, 22 de novembro de 1966.

Pois é, meu velho. Sérgio Milliet se foi e o máximo que lhe fiz (a minha vontade era dar uma voada até São Paulo para ver o corpo de Sérgio pela última vez) foi uma boa página do Caderno B do *Jornal do Brasil*, saída agora no domingo último, assinada, com o título de "A Morte e as Vidas de Sérgio Milliet". O que eu senti com a perda do bom amigo está lá. Honestamente. São Paulo, depois de Mário de Andrade e Afonso Schmidt perde uma última grande entidade.

A vida no Rio continua a mesma, muita contensão, muita apreensão, tutu curto. A minha vida no Rio, a que se abriram algumas perspectivas até bastante interessantes, continua num pé cada vez mais bravo, pois não tenho o fundamental para qualquer empreitada: tutu.

De clima mudado, com os valores desvalorizados, capengando nas suas coisas mais faladas, o Rio agüenta como e quanto pode a atual crise que não é brinquedo de jeito nenhum. Um troço sério, seríssimo, a abranger pequenos, médios e grandes. O pior de tudo é a natureza das leis que nos jogam, Caio. Tudo sobrecai nos pequenos. Ai deles!

É redundante, pois, compor análises sobre os reflexos na vida cultural. Também neste terreno, a situação é bastante pobre.

Eu lhe disse que o Rio vai se agüentando e é bem esse o verbo.

Rio, 2 de dezembro de 1966.

Espero que as coisas aí tenham descontinuado daquilo que aí encontrei e deixei. Achei (principalmente o pessoal de letras e de jornalismo) tudo envolto por um pessimismo terrível e uma completa ausência de perspectivas saudáveis. Se você assistisse às minhas conversas com os jornalistas, então... Ô rapaz, a barra anda mesmo pesada e até mesmo o meu *Paulinho Perna Torta*, com toda a sua vivência e andanças, coçaria a cabeça. E talvez dissesse:

— Estamos quebrados, meus chapolas, Fornicadinhos.

[...]

A Civilização mudou muito, o que já declarei por carta e muitas vezes. Aquilo está mesmo muito difícil de ser entendido, especialmente depois da experiência (que lhe contei aí na UBE) que tive com um bom livro de reportagens policiais de um amigo meu aqui do *Jornal do Brasil*.

Rio, 27 de dezembro de 1966.

Se o seu *Sal* já vendeu 2.000 exemplares, você está de parabéns. Mas, meu velho, é o diabo esse negócio do pagamento de direitos autorais. Acho que a melhor política econômica ainda é a de cobrar os direitos em mensalidades: você escreveu a respeito à Civilização? Mas depois, vem o problema da reedição. *Malagueta, Perus e Bacanaço* continua não sendo encontrado em nenhuma livraria e eles, na Civilização, continuam me dizendo que o livro não está esgotado. É. Sacanagem mesmo. *Os Dez Mandamentos*, onde foi incluído meu *Paulino Perna Torta*, também esgotado e nem se fala em reedição. Uma linda pouca vergonha. Total: você escreve e não vê seus livros.

1967

Rio, 9 de janeiro de 1967.

Acho boa a indicação do nome de Caio Prado Junior para Intelectual do Ano. E sabe por que? É um dos poucos homens de esquerda neste País capaz de se portar honrosamente como um lúcido crítico de esquerda numa terra de bobocas e festivos, alegremente envergando o falso título de esquerdistas.

[...]

Meu velho, não lhe recomendo a Leitura. É uma editora menor, não sei até que ponto lhe respeitarão os direitos autorais (ou estarão dispostos a pagá-los etc.) Aliás, minha opinião é a de que a gente deve se fixar a uma só editora. Entretanto, você é livre e deve fazer as coisas como melhor achar. A Civilização, apesar dos pesares, Caio, ainda é a melhor casa do País. A realidade é essa, velho.

Rio, 30 de janeiro de 1967.

Recebi agora sua carta contando-me uma porção de coisas, inclusive a movimentação da UBE em torno do Intelectual do Ano. Espero que Caio Prado Jr. ganhe, embora reconheça que a força de Mário Graciotti pesa em São Paulo. E, não há dúvidas, é um homem que muito realizou pelo livro no Brasil. Ajudou, principalmente, à reedição de vários nomes de grande valor, a preços acessíveis ao grande público etc. Um homem de valia, Caio. E eu, pessoalmente, sendo o apaixonado e o temperamental que sou, dado a gostar ou não gostar e pronto, tenho a lhe reconfirmar firmemente que Mário Graciotti vale pelo que já fez e não por aquilo que ele é hoje. Eu mesmo, na minha estante, tenho vários livros editados por ele que, não fora a sua consciência de editor, tais volumes já estariam fora de circulação há bastante tempo. Exemplo? Lima Barreto e Afonso Schmidt. Graciotti tem o seu valor. Entretanto, Caio, a verdade é que o Caio Prado Jr. é um nome muitíssimo mais nacional e é mais do que simplesmente um editor de livros. Sei que você já me entendeu. Então.

[...]

Meu palpite de amigo e amigo leal é o de que você deve se dirigir ao Mário da Silva Brito e/ou Ênio Silveira para publicação de seu novo volume de contos. Com todos os defeitos que tenham, com todas as manias, bem ou mal, esses homens ainda são o caminho mais evidente no roteiro das editoras brasileiras. E sei o que estou falando.

Eles também têm limitações sérias, Caio. Não se iluda. Mário da Silva Brito, com quem estive ainda hoje, me mostrou que toda a sua programação para este ano (67) é de 68 livros, que significam apenas uma das partes das sobras dos livros aprovados em 1966! Sabe lá o que é isso, meu velho? Um angu encaroçado. Ademais, a situação econômica da editora (é o que se diz nos bastidores) caiu bastante, como caiu muito também o ritmo de venda de livros. Quem entrar com um original agora, já, neste momento, poderá esperar 1 ano, 1 ano e meio ou até mais. A editora está sendo obrigada a restringir em muito sua produção de livros. Os créditos estão fechados. E você sabe como é neste País: a maioria vive e sempre viveu de papagaios que ficam voando de lá pra cá. Por isso, também eu, resmungo, resmungo. Mas acabo pensando dez vezes antes de tomar qualquer medida extrema com a Civilização.

Eu, particularmente, teria um milhão de restrições (em meu nome e em nome de vários amigos meus, inclusive Osman Lins, você, Maria Geralda e Hermann José Reipert) a fazer quanto a uma análise do tratamento dado pela Civilização Brasileira ao livro e autor nacionais. Contudo, meu velho, a quem recorrer, senão a eles. Quem atualmente está editando gente moça (ou desconhecida) no Brasil? Quem está ainda se interessando — mesmo que pouco — pelo pessoal que começa nas letras? Quem ainda paga direitos autorais, apesar de tudo? E principalmente: quem se atreve a publicar qualquer coisa mais fibrosa que você realize?

Meu *Malagueta* começa a dar dor de cabeça. O livro, há muito sumido das livrarias, do próprio depósito da Civilização à rua Sete de Setembro, recebe a alegação de que ainda não está esgotado. Há uma última pergunta: onde, diabo, se meteu esse livro? Onde o Judas fez cocô? Quem sabe.

Acho que até já passou a hora de se partir para uma segunda edição. Entretanto, tudo vai me dar uma dor de cabeça dos diabos. Se eu quiser segunda edição, é melhor pedir a liberação de meus direitos autorais com a Civilização Brasileira e sair à cata de outra editora. Mas, e daí? Com isso, parece-me que me meto num mato sem cachorro, numa sinuca de bico: seria brigar com a Civilização e que outra editora gostaria de editar um autor brigado com a Civilização? Não é mesmo uma merda? Coisas brasileiras.

Quero que você não se esqueça, por favor, de dar o melhor dos meus abraços ao Fernando Góes. Foi um dos homens mais decentes que conheci aí em São Paulo, uma das figuras mais independentes de que tomei conhecimento. E sua figura humana me encantou de cabo a rabo. Além do que foi um dos escritores que com mais carinho me tratou. Eu já sabia de sua paralisia. Lamento e interiormente fico a pensar quanto Fernando não estará sofrendo. Ele, um homem tão fundamentalmente vital.

[...]

O Rio está nas barbas do Carnaval. A cidade, como todo o ano, recebe seus últimos retoques de decoração para a folia. Mas há uma tristeza indisfarçável, meu velho. Ainda estamos curtindo falta de luz, água e gás, que a tragédia das enchentes nos trouxe. É fogo, meu chapinha. Quase metade das atividades cariocas (inclusive jornalísticas) estão paralizadas em decorrência da tal enchente.

1969
Rio de Janeiro, 13 de abril de 1969.

Meu velho, parece-me que dei mesmo com os costados de volta ao Rio de Janeiro e faz já alguns dias que estou funcionando em *Manchete*, aqui no Russell.
[...]
Minha mudança para o Rio é, financeiramente, um passo atrás. Mas eu não posso sacrificar o menino e a mulher, que sofrem de bronquite e cujo problema você conhece bem. Devo enfrentar as dificuldades porque assim é que é. Eles estando bem, eu também estarei.

1972

Rio de Janeiro, 9 de maio de 1972.

Estou necessitando de uma série de comprovantes para obter a minha sindicalização como escritor aqui no Rio de Janeiro. Aquela declaração que você me enviou é ótima, mas é pouco curricular. (Há uma burocracia danada e o sindicato quer detalhes, dados, números.) Lamento sinceramente importuná-lo outra vez. Mas você me fará um grande favor enviando-me nova declaração, em papel timbrado da UBE e rubricadas as laudas e nas quais se afirmem os seguintes itens:

1. Sócio n° 658, desde a data da proposta aprovada e conseqüente inscrição. Aqui entre nós, quanto mais antiga for a data melhor seria para mim: lembro-lhe que em 1956 (em 13/12) tive um conto, "Bolo na Garganta", publicado na ex-*Revista do Globo*, de Porto Alegre; que em 1957 a revista *A Cigarra* premiava um conto meu e que já em 24/2/54 o jornal *O Tempo* publicava um conto meu, "Um Preso" (com ilustração...). A data ideal, cá entre nós, é esta — porque possuo o recorte do jornal *O Tempo* — 24/2/1954. E posso provar no Sindicato. Certo?

2. Fui diretor da UBE no exercício de 1964-1965.

3. Proferi conferências várias, no interior e capital, a pedido da diretoria.

4. Fui julgador daquele concurso de contos instituído pelo jornal *A Gazeta*, juntamente com você e com Judas Isgorogota, cujo primeiro prêmio coube a Amir Vieira.

5. Ganhei o Prêmio Fábio Prado em 1962, instituído pela UBE, com *Malagueta, Perus e Bacanaço* e cuja

comissão julgadora foi composta por Leonardo Arroyo, Helena Silveira e Fernando Góes.

5a. Fiz colunismo literário na página "Acontece o Seguinte", na edição dominical do jornal *Última Hora*, entre os anos de 1968-1969, em São Paulo.

6. Ganhei os Prêmios Jabuti (Revelação de Autor e Melhor Livro de Contos) em 1963, com *Malagueta, Perus e Bacanaço*, instituído pela Câmara Brasileira do Livro.

7. Ganhei o Prêmio Alvorada, em 1962, instituído pela Livraria Francisco Alves e Academia de Letras da Faculdade de Direito de São Paulo (Grêmio XI de Agosto).

8. Ganhei o Prêmio Edgard Cavalheiro, em 8/janeiro/ 1959, instituído pelo jornal *Última Hora* e Editora Cultrix e cujos julgadores foram Ricardo Ramos, Lygia Fagundes Telles e Diaulas Riedel.

9. Tive contos traduzidos na Tchecoslováquia ("Paulino Perna Torta"). Na Argentina ("Busca"); na Alemanha Ocidental ("Meninão do Caixote"), na Espanha ("Frio") e sou autor, traduzido para o italiano, pela primeira vez, na apresentação da novela de Caio Porfírio Carneiro, *O Sal da Terra*.

10. Sou autor da orelha de três livros publicados pela Civilização Brasileira: *O Sal da Terra*, de Caio Porfírio Carneiro (1965, Rio); *As Três Quedas do Pássaro*, de Maria Geralda do Amaral Mello (1966, Rio); e *A Outra Infância*, de Hermann José Reipert (1965, Rio).

11. Colaborador dos jornais *Última Hora*; Suplemento Literário de *O Estado de S. Paulo*; *Revista Brasileira*, da Academia Brasileira de Letras; *Comentário*; *Cadernos Brasileiros*; Suplemento do Livro, do *Jor-*

nal do Brasil; *Livro de Cabeceira do Homem*, da Editora Civilização Brasileira; *Revista da Civilização Brasileira*; revista *Senhor*; revista *Cláudia*; revista *Realidade*; Suplemento Literário do *Minas Gerais*; *Revista de Cultura Brasileña*, publicada pela Embaixada do Brasil, em Madri; *Revista Paz e Terra*; *Diário de S. Paulo*, e jornal *O Globo* (segundo caderno).

12. Incluído em várias antologias escolares: *Literatura Brasileira em Curso*, Editora Bloch (em várias edições); *O Ensino da Literatura* (Sugestões Metodológicas para o Curso Secundário e Normal), de Nelly Novaes Coelho, Editora FTD, São Paulo, 1966 (em várias edições), e *Antologia de Contos Brasileiros*, organizada por Herberto Sales, para as Edições de Ouro (já em várias edições). Juntamente com outros autores, estou sendo estudado num curso de literatura superior, ministrado por Osman Lins; e juntamente com outros autores urbanos fiz parte de um curso da Faculdade Nacional de Filosofia, onde ganhei o capítulo "*Malagüeta, Perus e Bacanaço* e o Estabelecimento do Mito do Herói Urbano".

13. Estou incluído nas antologias: *Rio em Tempo de Amor*, de Paulo Dantas, Livraria Francisco Alves (edição comemorativa do quarto centenário do Rio de Janeiro, São Paulo, 1965); *Ficção* (Rio, outubro de 1965); *Coletânea 1*, organizada por Esdras do Nascimento (GRD Edições, Rio, 1963) e *Depois das Seis* (GRD Edições, Rio, 1964).

14. Autor de duas obras fundamentais: *Malagueta, Perus e Bacanaço* e *Paulinho Perna Torta* (já em segunda edição), terá brevemente o seu trabalho, um conto-reportagem, "Um Dia no Cais", incluído na

antologia em três volumes, *Antologia da Reportagem Brasileira*, organizada por José Leal e publicada pela Editora Sabiá Ltda.

15. Autor de diversos trabalhos sobre música popular brasileira, inclusive o seu "Noel Rosa, Poeta do Povo" (*Revista Civilização Brasileira*, Rio, n° 8, julho de 1966) já foi traduzido pela *Revista de Cultura Brasileña*, editada pela Embaixada do Brasil em Madri, e citado em vários trabalhos, como por exemplo, "Sua Excelência, o Samba", de Henrique L. Alves, Editora i.l.a. Palma, São Paulo, março de 1968.

Caio, não me leve a mal. Mas a burocracia, na qual tanto eu como você não acreditamos, me obriga a lhe pedir tudo isso, em papel timbrado da UBE, assinado, datado, rubricado lauda por lauda etc. O Sindicato exige assim.

Rio de Janeiro, cinco de junho de 1972.

Muito obrigado pela remessa do atestado. A demora se deve ao próprio sistema do País. Digo ao sistema, porque nada tenho contra o governo. Democrata emérito e cristão desde que me batizaram, discordo iminentemente desses malvados subversivos que dizem bobagens sobre nossos Ministros, Políticos e homens que zelam pela coisa pública. Vivemos num grande e auspicioso País, à orla do Atlântico e estamos mui longe de sermos apenas uma civilização tupiniquim. Os malvados e desordeiros é que o dizem. Eu, não. Pago meus impostos, pago o INPS, vivo muito bem porque como duas vezes por dia e meu filho vai à escolinha de arte desde os dois anos de idade. Ganho muito mais de dez salários mínimos, moro numa cobertura em Copacabana (embora pague os olhos da cara e me arrependa até o último fio dos pentelhos), tomo banhos de mar e sou muito sadio. Inimigos do bem-estar social e do desenvolvimento brasileiro é que vivem negando tudo, os malvados. Concordo com a televisão, com o Ibrahim Sued, com o Ministro Delfim Neto (uma beleza de inteligência!): ninguém segura mais a Bolsa de Valores (a terceira do mundo); ninguém segura mais o Banco do Brasil (a terceira reserva de capital do mundo); ninguém segura mais a nossa exportação e ninguém segura mais o futebol e a loteria esportiva. Em resumo: NINGUÉM SEGURA MAIS O BRASIL!

Torço pelo seu livro de contos novos: *O Casarão*. Não ligue para os detratores e falsos pregoeiros de seus contos: são ignorantes e malvados.

Aparecendo em São Paulo, o que não é improvável, devo procurá-lo para enchermos as fuças com alcalóides mil, bebidas variadas e diversas, se possível lambidas e sugadas entre as pernas das mulheres.

Neste aniversário da nossa independência total, receba um abraço patriótico de seu leitor e amigo.

1974

Copacabana, 10 de agosto de 1974.

(Carta circular aos amigos)

Deu-se que começava a pretejar e a vida emperrava, feia. Estava ficando ruço. Fizera, ano passado, uns artigos, com raiva, apontando que a engrenagem do futebol não era mais aquela, a bem simples, que acontecia há dez anos. O País mudara, em dez anos mudara, havia sinais de Máfia, a cartolagem mandando de modos encobertos. Os artigos, assim empolgados, faziam um monte de laudas.

Ninguém quis publicar. Rio e São Paulo deram desculpas, que desculpavam e não justificavam. Procurei, então, os mineiros e Mário Garcia de Paiva resolveu fazer um Suplemento Literário do *Minas Gerais* especial sobre Futebol. Partindo dos meus artigos.

Por uma virada dos ponteiros nesta vida andada, o tal Suplemento do *Minas Gerais* caiu nas mãos do Millôr Fernandes, que decidiu encontrassem o autor dos artigos, fosse onde fosse. E me acharam.

Jaguar estranhou que eu não usasse nem mesmo uma barba, brincos nas orelhas, cabelos grandes ou coleira no pescoço. Inda mais de assustar porque eu sou o autor de *Malagueta, Perus e Bacanaço*, livro premiado e tenho cara de homem do povo, segundo ele. Afinal, época é época. Qualquer traço de normalidade externa assusta no dia de hoje.

Assim, estou escrevendo sobre futebol e outras coisas em *O Pasquim*, a partir do número 267-CI, que deverá ir para as bancas a 13/8/1974. A data não é ensolarada, nem bonita. Agosto é, em geral, um chove-não-chove dos capetas e seus azares são consideráveis. Mas eu precisava contar aos amigos.

Copacabana, 10 de setembro de 1974.

Você já deve ter tomado conhecimento pelos jornais que ganhei uma premiação do Prêmio do Paraná, o tal concurso da FUNDEPAR. Depois dele e de minha colaboração n'*O Pasquim*, meu nome voltou aos jornais. Como sempre deram para descobrir ou redescobrir que sou um grande escritor e etc. Barulhos tupiniquins, velho, nada mais. Não me iludem com a presepada.

De qualquer forma, a promoção é válida. Tenho, no meu encalço, três editores, inclusive dois de S. Paulo, querendo fazer uma reedição de *Malagueta, Perus e Bacanaço*. Mas acabo de entregar para Ênio Silveira os originais do meu segundo livro, *Paulinho Perna Torta* que, segundo alguns, supera o primeiro. Vamos ver.

Copacabana, 23 de setembro de 1974.

Além do que tenho feito normalmente, ando muito interessado numa literatura que, fugindo a gênero literário (essa coleira do capeta) seja menos literária e mais um corpo-a-corpo com a vida. Sei que isso já foi feito ou tentado lá no estrangeiro — Vasco Pratolini, Truman Capote, Norman Mailer — e isso não me empede de várias incursões.

Uma delas está publicada no tablóide de São Paulo *EX* (número 6, setembro 74, página 24). O conto tem o título de "O Merduncho". Gostaria que você apanhasse numa banca, lesse e me desse sua opinião franca. Se não precisasse dela, não estaria pedindo.

49

Copacabana, 15 de outubro de 1974.

Lido o conto "A Perdida", segue devolução da cópia. Acho, para começo, que está sobrando uma palavra, a última, neste trabalho, *total*. Parece-me que *purificação* bastava. Mais do que dentro de qualquer "ismo" (os escritores de hoje, que me desculpem, mas estão muito mais preocupados com os "ismos" do que com a tarefa e o fato de escrever) está dentro daquilo que José J. Veiga vem fazendo, e bem, e de encher os olhos, em seus últimos livros: *A Hora dos Ruminantes* e *Sombras de Reis Barbudos*, principalmente. Gosto dessa linha, acho que é uma das poucas atualmente que podem levar a alguma coisa. Mas preferia, sinceramente, que os seus contos do livro próximo, *Chuva*, tivessem mais fundo social e *decorrências* (entenda: propostas, sugestões, denúncias, apelos) políticas, do que aquilo que vi, li, senti no trabalho que agora lhe devolvo.

A 31 de agosto deste ano, respondendo a uma entrevista grande, no *Jornal do Brasil*, ao lado de escritores como Sérgio Sant'Anna, Roberto Drummond e Murilo Rubião e outros, tive ocasião de declarar que o que interessa é o compromisso com o fato de escrever, o descobrimento de problemas nacionais. O resto é "ismo", importação, punheta mental, beletrismo, complicação, falta do que fazer, de vivência e de talento. Hélio Pólvora, depois disso, fez um artigo sobre as minhas declarações em que apoiava inteiramente a minha posição. Vou transcrever aqui um trecho do meu depoimento e você verá o que pretendi:

"— A boa tendência, a meu ver, seria a que procura descobrir, compreender, flagrar a nossa vida brasileira — contraditória, sofrida, imprevisível, tupiniquim e maravilhada, de tanga e metida a besta, comendo rapadura e pegando carona de caminhão em beira de estrada e querendo passar por civilizada.

"— Isso não quer dizer que façamos regionalismos, apenas. Mas é preciso olhar ao nosso redor, enxergar que somos um povo, respeitar e compreender isso e tentar erguer alguma coisa disso, em cima disso e para isso. Por favor, acho que é hora de reler Graciliano Ramos, Lima Barreto, Manoel Antônio de Almeida, escritores que brigaram e se consumiram por algo mais decente do que brilhareco literário, gloriazinha ou pó de vaidade."

Continuo pensando como respondi ao *JB*. O fato que vemos agora, através de realismos mágicos e magicismos hispano, ibero e sei lá o que americanos, não passa de onda, Caio. O próprio José J. Veiga escapa e sua obra viverá, na medida em que ele escapa à onda. O argentinismo de Cortázar, o colombianismo de Gabriel García Márquez, o Borgismo de J. L. Borges são interessantes. Ponto final.

Acho que está faltando à nossa literatura brasileira uma espécie de panbrasileirismo, ou seja, descobrir o Brasil. Transcreverei mais um pedaço do depoimento dado ao *JB*:

"— O universal está no particular, e isto é verdade artística desde Cervantes e Dostoievsky. O resto é engano, é pirueta mental, é preguiça. Essa tal tendência universalista faz, entre outras coisas, com que não apareça entre nós uma literatura que abarque áreas sociais e de comportamento como o futebol, a umbanda, vida industrial, áreas proletárias, além de outras formas atuais da vida brasileira que estão aí, inéditas, esperando intérpretes e interessados."

Ora, Caio, para chegarmos ao que proponho, não será através de "ismos" arrancados de Cortázar, Jorge Luis Borges e Carlos Fuentes. Ora, a nossa coisa está aqui e somente ela própria poderá ditar, sugerir, pautar seus temas e sua estética. Amor não é *love you*, meu velho. Amor é *benzinho, neguinho, amorzinho, pretinho* etc. Sei que você percebeu.

Sem força de linguagem, o melhor que um escritor faz é não escrever. (Virar as costas para a literatura também é ótimo exercício, coisa que escritor brasileiro tem vergonha de fazer, porque gosta mesmo é de vida literária e não de escrever.) Se não tem linguagem, o escritor que trate de arrumar uma e urgentemente, porque leitor não é obrigado a aturar prosa sem colorido, sem garra, sem sexo, sem gente, sem bucetas, caralhos, peitos, suores etc. Fora daí, é "ismo". Literatura tem o buraco mais em baixo.

Copacabana, 11 de novembro de 1974.

Recebo sua carta e acho o seguinte, em essência. A dinâmica da chamada arte literária tem de existir, para que a própria arte sobreviva. Caso contrário, não se fugiria nunca dos cânones consagrados e sacrossantos. Até aí, falei o óbvio.

O que eu acho que está errado, no momento, é a onda se transformando em "ismo" e escola, dando cartas e jogando de mão, num momento em que as coisas deveriam já estar em plano mais sério. Você citou Gabriel García Márquez. Conquanto eu reconheça valores inequívocos no colombiano, acho que, no fundo, pelo menos 75% de sua fama é devido ao movimento publicitário inquestionável. Não li nada de Gabriel García Márquez que contivesse a força de, por exemplo, *O Coronel e o Lobisomem*, de José Cândido de Carvalho, um escritor que no Brasil apenas tem virado notícia por acréscimo e, nunca, realmente pelas coisas que produziu. Trocando em miúdo: Zé Cândido é notícia apenas porque andou namorando com a ridícula e ultrapassada ABL, a quem não pertenceram Lima Barreto, Manoel Antônio de Almeida e Graciliano Ramos, no passado. E a que não pertence, no presente, um dos mais altos valores brasileiros: Carlos Drummond de Andrade. José Cândido de Carvalho é conhecido, falado, badalado etc., até pelo seu caráter e comportamento. Menos pela sua obra — e esta é o mais importante que ele produziu.

Bem, tenho mania (é uma espécie de terapêutica) de questionar todas as ondas, inclusive literárias. Agora, andam falando em supra-realismo, realismo fantástico, surrealismo e pan-realismo, além de outros "ismos", filhotes dos citados. Bem, na minha paupérrima maneira de ver as coisas, eu já tinha lido tudo isso há muito tempo, pelo menos há uns 15 (QUINZE) anos, lendo os contos extraordinários do senhor Murilo Rubião ("Ofélia, Meu Cachimbo e o Mar", "O Ex-Mágico da Taberna Minhota", "O Bom Amigo Batista", "Os Dragões") e, no entanto, nunca se badalou Rubião. Agora, ele ganha uma injusta premiação no Paraná (uma menção honrosa sacana, malvada, de mau gosto e fora de hora) e volta às livrarias com *O Pirotécnico Aprendiz*, livro excelente e grande feição gráfica, a meu ver.

Coisas da literatura. No entanto, vou lhe dizer: "Teleco, o Coelhinho", de Murilo Rubião, foi badaladíssimo no Tchecoslováquia.

Não defendo Murilo, nem o ataco. Afinal, tem sido um autor supinamente sacaneado no Brasil, onde a onda virou ler "mágicos" & exorcizantes que só não resolvem o problema da meningite.

1975

Copacabana, 14 de abril de 1975.

Sua carta e remessa de exemplar do seu livro *O Casarão* me pegaram viajando. Uma pena. Uma provável lista de gente bacana, que escreve sobre livros, você já tem. Quanto à sua dúvida sobre Hélio Pólvora, não tenha mais nada. O *JB* de 5/4/1975 publica no Suplemento Livro uma ótima notícia crítica assinada pelo Pólvora. Parabéns!

No entanto, há certos nomes que devem receber seu livro. Exemplos: Wander Piroli, Cassiano Nunes, Luiz Mário Gazzaneo. São homens que *falam* ou escrevem sobre os livros que recebem. Consideram os autores etc.

Ando sem tempo para me coçar, além de andar meio doente, com reumatismo. Muitos dias não tenho podido trabalhar, pois, minha mão direita dói e isso me atrapalha a vida. Enfim, preciso tocar as coisas pra frente.

Tenho muitas novidades, inclusive literárias. Ênio Silveira, além da reedição de *Malagueta, Perus e Bacanaço*, prevista para junho, deve me lançar três (3) novos livros: *Leão-de-Chácara, Corpo-a-Corpo* e *Casa de Loucos*, ainda este ano. Vamos ver. Este ano pinta bom, boas jogadas.

Estive longo tempo fora do Rio, pelo Sul do País, fui ao Paraguai, Uruguai e Argentina — uma loucura dos capetas. Se puder, passe essa novidade de *Malagueta* pra frente. Por exemplo, ao Hermann e outros amigos.

Copacabana, 16 de maio de 1975.

Tudo bem e nada presta, camarada. "Se o mundo fosse bom, o dono morava nele".

Muito lhe agradeço a badalação sobre *Malagueta, Perus e Bacanaço* e seus irmãos que vêm por aí. Grato também pela remessa dos recortes, prova de sua amizade e dedicação. A imprensa continua, em sua empeloteada forma de noticiar as coisas, misturando alhos, bugalhos e penduricalhos. Qualquer dia desse vão dizer que o autor de *Malagueta* é Maurice Capovilla e/ou Gianfrancesco Guarnieri e que o João Antônio escreveu as *Memórias de Um Sargento de Milícia*. Tudo bem, no entanto. Tudo luso-afro-judaico-tupiniquim. Viva o País das Bruzundangas, que desbunda qualquer logística, é abençoado por Deus e pelo Capeta!

Notícias que você me pede: Juarez Barroso está no *Jornal do Brasil*; Guido Sassi, Esdras me parecem que saíram do ar. Para dizer a verdade, velho, no momento eu não tenho nem tempo para me coçar. Escrevo o meu quinto livro. Havendo tempo, saio da minha cobertura de Copacabana — essa falsa visão burguesa — vou ver as deliciosas mulheres de bunda de fora e bucetinhas em flor nas areias, tanga, tanga: ó maravilhosa tanga! Choro todos os dias porque já se vão longe meus 17 anos bem trepados. De resto, não quero aporrinhações. Não sou nenhum crucificado.

Meu nome será notícia ainda algumas vezes este ano. Você irá recebendo notas minhas, *press releases* da Civilização etc.

Discordo com você quando me diz que a crítica é camarada com *O Casarão*. Suas coisas têm valor e você bem sabe. Não se faça de pequenino.

P.S. Hoje estou revendo as segundas provas de meu segundo livro (dedicado a Afonso Henriques de Lima Barreto) *Leão-de-Chácara*, com os tais contos premiados no Paraná ano passado.

Rio de Janeiro, 20/6/1975.

Recebi sua remessa. Muito obrigado. Você irá recebendo minhas coisas, pausadamente. Podendo, vá conseguindo notas. Veja também se não é possível conseguir uma reportagem aí, com fotos. Afinal, estou relançando (em convênio com o INL — um exemplar de *Malagueta, Perus e Bacanaço* vai custar apenas CR$16,00) um clássico do conto brasileiro, partindo para uma primeira edição de *Leão-de-Chácara*, jogando no mercado, na qualidade de diretor, uma publicação como LIVRO DE CABECEIRA DO HOMEM. Será que tudo isso não vale uma reportagem? Diga-me o que consegue. Poderei, inclusive, mandar fotos e, digamos, um longo questionário com perguntas e respostas.

Quanto à remessa de seu livro ao Juarez Barroso e ao José J. Veiga pode enviar em meu nome que entrego a eles — são meus colaboradores no *Livro de Cabeceira do Homem* e vivem cruzando comigo. Tudo em casa. Este ano deve pintar muita novidade sobre mim. Mas no momento estou precisando de divulgação. Procure comprar o número 12 do tablóide *Ex*. Ali tem 5 (cinco) páginas dedicadas a mim e mais a publicação do texto integral de *Leão-de-Chácara*. Diga-me o que achou do conto.

Estou convidado para fazer lançamentos de meus livros em Brasília, Curitiba, São Paulo e Belo Horizonte. (*Malagueta*, segundo informação da chefia de vendas da Civilização, já tem 60% da edição vendida, antes do livro ir para as livrarias — o que é isso, Caio? Um sinal dos tempos? Afinal, resolveram respeitar e reconsiderar um livro que esteve congelado durante mais de dez anos?)

Copacabana, 26 de junho de 1975.

No momento, estou a um passo do relançamento do *Livro de Cabeceira do Homem*. É uma história de quase um ano, considerando-se o convite que me foi feito por Ênio Silveira e a redação do meu projeto. Estou jogando tudo o que sei e jogando praticamente a minha geração jornalística ali. É uma publicação séria, de dimensões nacionais, disposta a investir contra a safadeza oficial e a calhordice institucionalizada. Não sou menino, e sei o que estou fazendo. Se meto numa publicação dessas, que vai para as livrarias e bancas, o meu nome como diretor é porque devo saber o que estou fazendo, sou maior e vacinado. Os tempos estão ruços. No entanto, alguém ou alguns devem ousar. Nessa jogada, apenas por circunstância (se bem que uma circunstância criada) quem ousará sou eu.

Respondi ao longo questionário sobre o *Livro de Cabeceira do Homem* que continua inteiramente inédito. Se você quiser pode usá-lo, integralmente, em partes, fragmentos, trechos etc. Como melhor convier e conforme as oportunidades que tiver. Certo?

Copacabana, 8 de julho de 1975.

Acabo de colocar nas mãos de Juarez Barroso (que está escrevendo contos como nunca) e de José J. Veiga, já um clássico de nossa atual literatura, o seu livro *O Casarão*. Ambos agradecem e não sei se lhe escreverão: vivemos um tempo em que as pessoas não mais se escrevem. E vivem falando em comunicação e outros fricotes farisaicos.

Está nas livrarias e principais bancas deste País, finalmente, o *Livro de Cabeceira do Homem*, com replanejamento e direção minha. Você está na lista de pessoas que receberão o livro. Peço-lhe, por favor, que dê uma lida nele e opine. Opine também pelos jornais paulistas, pois, embora o *LCH* esteja já vendendo bem e prometa fazer vida de longo curso, precisa ainda de muita divulgação.

Você fica desde já convocado também a me dar sugestões de colaboração (inclusive sua, está claro).

Preciso ir a São Paulo. Cadê tempo? Talvez para o lançamento de *Malagueta, Perus e Bacanaço* ou *Leão-de-Chácara*. O segundo já mereceu de Aguinaldo Silva o juízo de que se trata do livro mais forte que se publicou no Brasil nos últimos 5 (cinco) anos.

Copacabana, 29 de agosto de 1975.

Sábado último, dia 23/8/75, o senhor Leo Gilson Ribeiro escreveu quase uma página inteira de crítica sobre *Leão-de-Chácara* no *Jornal da Tarde*, com o título de "O Livro que Deu um Soco em Nosso Crítico". Deu chamada com foto na primeira página do jornal. Você viu a publicação? Tive notícias de que, depois dessas loas, que vieram depois de meu aparecimento, quatro vezes, na TV Globo em horário nacional, a venda de *Leão* disparou.

Mas agora, Caio Porfírio Carneiro, preciso falar de *Malagueta, Perus e Bacanaço,* reerguer o bruto que me colocou, segundo Marques Rebelo, como um "clássico velhaco" em nossa literatura contemporânea. E, para tanto, estou novamente me valendo dos amigos. *Leão-de-Chácara* (meu nome na capa de *Opinião* desta semana, número 147 — 20 de agosto de 1975) não pode matar *Malagueta*. Tenho de estabelecer uma estratégia rápida, rasteira para um não comer o outro. É uma merda ter mais de um filho!

Você assistiu ao nascimento de *Malagueta, Perus e Bacanaço*, praticamente nas mesas dos botequins do Vale do Anhangabaú há uns quinze anos (porra, isso é uma vida, homem!). Acho que é a pessoa indicada para escrever a história de *Malagueta, Perus e Bacanaço*, três malandros de cafés fiados. Se você quiser, respondo a um questionário seu etc. Depois, há meios de colocar a matéria aí em *Última Hora* dominical etc. Tirar xerox e mandar para outros jornais, se virar. Hoje *Malagueta* está freqüentando nove (mais uma, da Editora Cultrix, este ano) antologias e, pode até, vir a ser adotado em escolas. Acho que é, observadas as proporções, um livro que começa a ter história. Quantas vezes o cinema o namorou, os tradutores, a televisão, os professores de letras e comunicação? Que raio tem esta sonoridade: Malagueta, Perus e Bacanaço?

Copacabana, 18 de setembro de 1975.

[...] acho que a Civilização já lhe mandou *releases* contado a disparada que meus livros tiveram. *Malagueta, Perus e Bacanaço* esgotou uma edição em 12 dias *e Leão-de-Chácara* — 5° mais vendido, semana passada, na informação de *Veja* — também está esgotado. Total: estou na 3ª edição de *Malagueta* e na 2ª de *Leão*. As coisas são assim, Caio: 12 anos para reeditar um livro que, depois, se esgota em 12 dias. A verdade clarinha, no entanto, é que estou precisando urgentemente de nova onda de divulgação para sustentar a saída do livro. Por isso, peço ao amigo que desenvolva um boca-a-boca aí por São Paulo falando bem ou falando mal dos meus vagabundos merdunchados. Mas falando muito. O boca-a-boca ainda é o ideal de todas as promoções, o mais certeiro, o que corre rápido como um fio de pólvora no asfalto.

[...]

Você me desculpe estar lhe enchendo apenas com coisas de meu interesse. Mas tenho de me virar, velho. E bem virado.

Copacabana, 3 de outubro de 1975.

Recebo sua carta com cópia de seu trabalho sobre *Malagueta, Perus e Bacanaço*. Muito obrigado. Agora, devido ao tom dessa sua página, acho que diversas publicações poderiam (e até gostariam) de reproduzi-la.

[...]

Envie em forma de carta, com abertura de carta, mas mantendo o mesmo texto, que é excelente: afetivo e bem crítico, ao mesmo tempo. Você não tenha dúvida que todos eles publicarão. Será também uma forma desses jornais tomarem conhecimento de seu nome e sua obra. E não duvido que algum deles o procure para novas declarações: a sua página é muito íntima de *Malagueta, Perus e Bacanaço* e seu autor. Agora, faça já a remessa para aproveitar e malhar enquanto o ferro está quente.

[...]

Leão-de-Chácara registrou pela *Veja* o terceiro lugar de mais vendido nacional. Está indo para segunda edição que estará nas livrarias dentro de dias. *Malagueta, Perus e Bacanaço* já está tendo a terceira edição em grande ritmo de vendagem. Entreguei a Ênio Silveira, para sair até dezembro, meu terceiro livro, *Malhação do Judas Carioca*. Enquanto isso, também meu quarto livro deverá aparecer pela Ex-Editora, todo ilustrado pelo grande artista gráfico do momento, Elifas Andreatto, *Calvário e Porres do Pingente Afonso Henriques de Lima Barreto.*

Copacabana, 18 de outubro de 1975.

Estou tendo o prazer de ler, aqui em *O Domingão* — representante da imprensa nanica em Ribeirão Preto — a publicação de sua crônica *"Malagueta, Perus e Bacanaço,* livro que me toca de perto". É *O Domingão* número 20, de 12 a 18 de outubro.

Então, me passou a seguinte idéia: você poderia enviar uma cópia de seu trabalho a outros jornalistas, pois, ele é plenamente publicável em muitos veículos jornalísticos. Assim, passo-lhe alguns endereços de caras meus amigos que poderão veicular a publicação de seu trabalho. Outra coisa, se *Malagueta* lhe toca, o seu trabalho também me tocou. Não pude deixar de sentir saudade daquela tarde, lá longe no passado, no botequim xexelento bebendo e falando de meus vadios. Estou ficando velho, Caio. Olho para trás e já vejo um passado. Mas, vamos aos endereços, que é tudo compadre meu e vai divulgar, à grande, a sua crônica.

Copacabana, 30 de outubro de 1975.

Gostaria que você remetesse, rápido, três cópias do seu trabalho sobre *Malagueta, Perus e Bacanaço* para as seguintes pessoas [...]. Anexo à cópia de sua crônica sobre *Malagueta* coloque um bilhete colocando à disposição para publicação. Assim, o seu trabalho aparecerá nos jornais de Campinas e de Americana. Ah, antes que me esqueça: outra pessoa que poderá veicular

o seu trabalho aí em São Paulo é Álvaro Alves de Faria
[...]. Álvaro é excelente jornalista, além de bom poeta e
novelista e grande amigo nosso. Acredito firmemente
que nos dê uma colher de chá. Se você entregasse o
trabalho pessoalmente, seria o ideal, pois ele está nos
Diários todos os dias, a partir das 15 horas. Acredito,
inclusive, que ele faça uma publicação destacada. É um
sujeito decentíssimo e ficamos muito amigos quando de
minha última passagem por São Paulo.

Rio de Janeiro, 11/11/1975.

Ando numa roda viva, principalmente ligado às
atividades universitárias. Depois de amanhã, por exemplo, estou convidado para participar da abertura, na USP,
da Semana dos Direitos Humanos, dia 14 estarei em São
Carlos, dia 20 em Assis, dia 22 nas Faculdades Integra-
das Alcântara Machado, aí em S. Paulo e, dia 27, em
Teresina, Piauí, a convite da Fundação Cultural do Piauí.
Passo-lhe *releases* que lhe peço divulgar aí junto aos
jornais.

Fico muito feliz, também, com as excelentes notícias que me vieram do professor Spalding. Como outras
escolas, faculdades, institutos de letras estão para adotar
meus dois livros, é muito provável que o ano de venda
deles seja 1976.

[...]

Escreva ao Ênio na base seguinte: explique tudo e
peça-lhe a opinião. (É a forma mais amigável de resol-
ver a publicação de um livro pelo INL.) Acredito que
ele vá fazer o seu livro. Ênio está, no momento, inteiramente voltado para o autor nacional. Não esqueça, é
importante, em sua carta, de lhe falar sobre o seu traba-

lho junto ao professor Spalding, dizendo que conseguiu a indicação de meus livros e também de *O Casarão*. Tudo isso vai ajudar. Ênio é muito sensível a esse tipo de trabalho. Poderá até entusiasmá-lo.

Seja franco com Ênio e não sinta vergonha de lhe pedir conselho e orientação. Ele, como editor que é, até gosta disso.

Você podendo, mande cópias de meu (seu) artigo sobre *Malagueta* para estes endereços [...]. Vai ajudando a abrir novas frentes, em jornais pequenos, do que eu chamo imprensa nanica, mas que vende uma imagem nítida e forte junto, principalmente, à juventude que estuda letras e comunicação.

Caio, chego à conclusão de que os nossos leitores ainda não existem. É preciso fazê-los. Certo?

Mande-me notícias. Podendo, divulgue as minhas coisas, não se esquecendo nunca que a propaganda que vende no País, além de todas, é o boca-a-boca, o falatório, o diz-que-me-diz. Motivação: *Leão-de-Chácara* continua o terceiro mais vendido no País, há 11 semanas como *best seller*.

Copacabana, 30 de novembro de 1975.

... e *Leão-de-Chacará* está sendo o livro mais vendido do País (revista *Veja*). Como se vê, o danado de *Leão* ruge grosso.

Copacabana, 22 de dezembro de 1975.

Você já deve ter recebido, em remessa separada, um exemplar de meu filho mais novo, também chamado *Malhação do Judas Carioca*. Esse meu livro pertence, você verá, a uma nova fase minha em que aproveito uma série de experiências colhidas ao longo de tempos de jornalismo. Aproveito uma porção de deixas largadas por Norman Mailer, Vasco Pratolini e Truman Capote no novo jornalismo americano.

Na quinta-feira última entreguei a Ênio Silveira os originais de um novo livro, *Casa de Loucos*.

Os dois livros têm a mesma característica de mistura. Contos ao lado de reportagens, depoimentos, artigos, crônicas, perfis, contos-reportagens.

Não acredito, sinceramente, que eles venham a ter o mesmo sucesso de *Malagueta, Perus e Bacanaço* e de *Leão-de-Chácara* junto à alta crítica brasileira. Provavelmente dirão alguns que estou partindo para certa facilitação e aproveitando, com rapidez e gula, o sucesso nacional de meu nome, no momento. Afinal, segundo a revista *Veja*, o meu *Leão-de-Chácara* está colocado há 16 semanas entre os mais vendidos do País e, atualmente, ocupa o primeiro lugar entre os mais vendidos.

No entanto, tanto em *Malhação do Judas Carioca* quanto em *Casa de Loucos*, tenho a consciência bastante tranqüila. Trabalhei honestamente, dei às matérias um cunho não datado, procurei transformar o factual e o circunstancial em dimensões de documento para valer com alguma perenidade.

Tenho curiosidade em conhecer a sua opinião sobre o meu mais recente livro.

E mais: gostaria de lhe pedir que produzisse um artigo sobre meus três livros. Afinal, você vem há quase vinte (20) anos acompanhando a minha carreira, meus altos e baixos, minha luta. Você está ligado intelectual e afetivamente às coisas que escrevo. Quanto à publicação do artigo temos pelo menos dois veículos: a revista

Escrita, editada aí em São Paulo por Wladyr Nader e a revista *Ficção*, publicada aqui no Rio por Cícero Sandroni. Não tenho dúvidas que ambas gostariam de abrigar uma matéria sua.

Copacabana, 29/12/1975.

Há uma turma (que não passa de quatro pessoas, jovens e jornalistas) fazendo um jornal nanico, na base da garra e apenas, lá em Curitiba. O tablóide tem um nome nanico, SCAPS, aquela expressão usada no jogo de bolinha de gude pela molecadinha.

Claro que não podem pagar pela colaboração (texto, foto ou ilustração). Mas pretendem fazer um nanico nacional e incrementado e, na opinião deste aqui, é o mais kamikazi dos nanicos já aparecidos.

[...]

Você pode mandar um trabalho qualquer ou aquele que você fez sobre *Malagueta, Perus e Bacanaço*. Aliás, mande aquele em primeiro lugar.

1976

Copacabana, 6/1/1976.

Você já recebeu o seu exemplar de *Malhação do Judas Carioca*? O livro vai vendendo muito bem aqui no Rio e em São Paulo. No entanto, estou sentindo que foi lançado numa época infeliz, a de fim-de-ano, infeliz para qualquer tipo de lançamento literário. Agora, no começo de 76, falando claro, estou precisando muito de divulgação e, você podendo, me dê uma força por aí.

[...]

Recebo hoje, finalmente, os meus exemplares de *O Conto Brasileiro Contemporâneo*, edição da Cultrix em convênio com a Editora da Universidade de São Paulo, O volume foi organizado por um grande entendido, o professor Alfredo Bosi, e ali se inclui o meu conto "Frio", já traduzido no exterior.

Copacabana, 19/1/1976.

Finalmente, eu e Capovilla aprontamos e entregamos à Embrafilme o roteiro de *Malagueta, Perus e Bacanaço*. Passo-lhe aqui (que você poderá, por favor, divulgar aí na *Gazeta*) uma declaração do Capovilla. Vamos ver se desta vez vamos.

[...]

Apesar de vivermos em tempo dos mais ruços, um novo nanico chegará à praça, desta vez reeditado por Cícero Sandroni, o *Jornal de Debates*. Cícero, já sabemos, é um brigador velho e não vai entrar no mercado para brincar. Aguardemos.

Copacabana, 26/1/1976.

Hoje estou como um limão espremido. Acabo de fazer um conto que me vinha na cabeça há tempos e tempos, coisas espichadas, aí por volta de 34 laudas. Uma pauleira que me esgotou; dei o batismo: "Cor de cinza". E meti uma espécie de subtítulo: "Visita à Cidade Natal". Total: boto a língua pela boca de exaustão. Que aventura terrível é a literatura, Caio!

Copacabana, 27/1/1976.

Estou completando anos hoje. E Ênio Silveira, voltando de viagem, me deu um grande, maravilhoso presente. Meus livros serão editados na Tchecoslováquia (Editora Dilia), Portugal (Bertrand) e Itália (Mondadori).

Por favor, Caio Porfírio Carneiro, bote isso nos jornais e nos quatro cantos de São Paulo.

Copacabana, 6/2/1976.

Tenho, no momento, um excelente contato em Brasília que está escrevendo constantemente sobre livros e acho que você poderia lhe enviar, imediatamente, o seu *O Casarão*. Pegue nome e endereço de Cora Rónai Vieira (filha do ótimo Paulo Rónai). Cora escreverá sobre tudo o que você lhe enviar. Gostaria também que você lhe mandasse uma cópia daquele trabalho *"Malagueta, Perus e Bacanaço — Um Livro que me Toca de Perto"*. Ela já está esperando e publicará tão logo receba.

Malhação do Judas Carioca: recebeu, finalmente, o seu exemplar? O livro, mesmo lançado espremidinho no final de dezembro, até o momento já vendeu mais de 3 (três) mil exemplares e saltou para a lista dos mais vendidos de *Veja*. Aliás, na tal lista, estou fazendo uma "peripécia" que apenas poucos autores conseguem: tenho dois livros na mesma lista: *Malhação do Judas Carioca* e *Leão-de-Chácara*.

Com a remessa de seu artigo, faça uma cartinha à Cora Rónai Vieira. Fique amigo dela, que não custa. Além de escrever no *Jornal de Brasília*, ela pode colocar coisas e notícias em vários jornais de lá.

Copacabana, 18/2/1976.

Meu lançamento aí na Teixeira foi vitorioso, apesar da época inadequada. Vendeu mais de oitenta exemplares, achando a Civilização o número excepcional.

Malagueta, Perus e Bacanaço já está na quarta; *Leão-de-Chácara* pulou para a terceira, fora a edição especial que será extraída ainda este mês pelo Círculo do Livro. Você receberá *releases* de tudo.

Não tenho mais tempo nem para me coçar. Dois jornais do Rio, no momento, estão disputando uma coluna minha. E, ó diabo, nenhum dos dois pagará o que pretendo. Durma-se com um barulho desses.

Copacabana, 8/3/1976.

Esta é para lhe pedir um favor, que você talvez goste de me prestar. O atual número do *Jornal de Debates* (8 de março a 14 de março), na sessão de cartas tem uma de três laudas, assinada por Roberto Stuart Dantas, com o título de "Chega de Demagogia".

Bem. Eu acho que quem sai na chuva é pra se molhar mesmo. Não tem apelação. Esse leitor, inteligente, escrevendo bem, vivo, manda o pau no meu trabalho em geral e no meu *Malhação do Judas Carioca*, em especial. Chama-me, entre outras coisas, de maniqueísta, machista, servil reprodutor da gíria urbana... Ataca principalmente meu trabalho "Galeria Alaska". Acontece que há uns pontos falhos nessa carta: 1º- Não dei entrevistas nem ao *Globo* e nem à *Manchete*, publicações que, todo o Rio de Janeiro sabe, me evitam e que eu evito; com *Manchete*, particularmente, sou inteiramente brigado, já tenho declarado isso pela imprensa; 2º- É uma besteira escrever que "além do mais essa paternalista demagogia sempre pode originar uma bem remunerada popularidade. E que é sempre um embeleco nos difíceis orçamentos da maioria dos compatriotas". Se eu fosse depender dos meus direitos autorais para viver, já teria morrido à míngua há muitos e muitos anos.

O que eu lhe peço é o seguinte, Caio: você está lendo *Malhação do Judas Carioca*. Deve ter sua opinião sobre o livro (e não quero, por favor, influenciá-lo em nada). Mas você não gostaria de responder ao leitor Roberto Stuart Dantas, mandando uma apreciação dos meus livros e enviar para o *Jornal de Debates*, a cargo do editor, Cícero Sandroni?

É um favor que estou lhe pedindo e uma sugestão que lhe dou. Acho que você é uma das pessoas que mais coisas têm a declarar sobre os meus escritos.

Copacabana, 8/3/1976.

Continuo mantendo dois livros (o que é raro) na lista dos mais vendidos de *Veja*: *Leão-de-Chácara* e *Malhação do Judas Carioca*. Isso me vale invejas e sentimentos negativos de todos os olhos e lados.

Mas peço a Deus que dê bastante saúde aos meus

desafetos para que tenham a oportunidade de ler o que escrevo.

[...]

Provavelmente estarei em São Paulo, dia 15 próximo, para a entrega do prêmio que me deu a Associação Paulista de Críticos de Arte. Engraçado: prêmio sem dinheiro... Coisas.

Copacabana, 18/3/1976.

Esperei no Teatro Anchieta, dia 15/3, o seu aparecimento para conversarmos e acertarmos certas coisas. No entanto, Henrique L. Alves me disse que você não poderia ir. Assim fiquei pensando na carta que você mandou ao *Jornal de Debates*. A situação lá é um bocado complicada e a grande verdade é que certas coisas escapam ao controle de Cícero Sandroni, afinal meu amigo há mais de dez anos. Assim, peço-lhe que você remeta cópia da carta que fez diretamente ao endereço pessoal dele. No momento, parece-me ser o único meio garantido de chegar à publicação no *JD*.

[...]

Recebo agora sua carta, quando o lado de lá desta já estava pronto. Muito obrigado pela cópia. Estou tomando a liberdade de enviá-la (é uma cópia assinada) diretamente ao endereço pessoal de Cícero Sandroni.

Muito lhe agradeço a sua compreensão de minhas coisas e de minha luta. Há muito detrator, hoje, que acha que vivo apenas para me badalar, feito um narciso, dia e noite. No entanto, o que tenho é uma preocupação maior — você sabe bem disso. A sobrevivência da nossa literatura, a brasileira, tão ameaçada.

Copacabana, 28/abril/1976.

Sua carta me pega chegando de uma andança brava. Uma semana em Teresina, Piauí, depois uma ida a Brasília, Belo Horizonte, Varginha, Três Corações e Machado (as três últimas no Sul de Minas). Sempre a convite de estudantes, institutos de letras e escolas de comunicação. Hoje recebo o segundo convite do ano para ir até Porto Alegre. Devo ir a São Paulo, Presidente Prudente, Niterói, Goiânia, Belo Horizonte, novamente Brasília, Blumenau... Basta! A luta é brava, mas tem me dado muitas alegrias. Em Brasília, praticamente fui sequestrado do hotel (Nacional) pelos estudantes de comunicação e letras. Em Varginha, o sucesso foi total, a ponto de me convidarem a voltar.

[...]

É impressionante como a estudantada gosta do meu papo, Caio. E me causou grande surpresa a aceitação entusiástica que *Malhação* recebe em Minas Gerais. Provavelmente seja por aquela matéria, a penúltima do livro, "É uma Revolução", sobre o encontro futebolístico entre o Atlético e Cruzeiro no Mineirão.

A luta é brava e quente, velho. E eu já pareço um camelô da cultura. Pra baixo e pra cima, sem parar.

Copacabana, 10/junho/1976.

Dia 11 e 12 estarei em Guaxupé (MG); dia 15 irei a Blumenau (SC); dia 25 tenho um lançamento em Niterói. Mês que vem e segundo semestre tenho encontros com estudantes em Brasília, Goiânia, São Paulo (e interiores) e Vitória. Irei também a Porto Alegre e Ijuí (interior do RS).

[...]

Em geral as conferências com debates têm um preço variável entre CR$2 mil e mais cruzeiros. Para um seminário em Teresina, a que fui com o cartunista Fortuna e Sérgio Sant'Anna, pagaram-me CR$5 mil. Mas é variável, sendo o único traço comum, o fato de me pagarem viagem e estadia. Na caso específico de São Paulo, posso dispensar as despesas de hospedagem, pois tenho muitos amigos aí. Como também são do meu interesse tais conferências e debates, posso baixar o preço do cachê até CR$1.500,00. É preciso considerar em tudo isso que, toda vez em que deixo o Rio, devo trabalhar em dobro antes, deixando matérias preparadas para jornais e revistas, além de minha coluna "Corpo a Corpo" em *Última Hora* carioca. No entanto, esses debates têm feito grande sucesso, principalmente entre estudantes — em Varginha, Belo Horizonte, Teresina e Brasília já repeti encontros. E tenho novos convites sempre. É o caso de Juiz de Fora e Poços de Caldas, no momento.

Copacabana, 20/junho/1976.

Rapaz, recebeu a minha carta em que eu lhe falava em conferências e debates? Pois, não é que os estudantes realmente me descobriram? Assim, tenho convites para ir a Marília (SP), Porto Alegre, Brasília e BH. Em Niterói, a Faculdade Federal Fluminense fará, no segundo semestre, um seminário de literatura sobre os meus três livros. O mesmo ocorrerá em Varginha (MG).

Meu quarto livro, *Casa de Loucos,* deverá estar prontinho, em folha, em agosto próximo. A capa supera todas as capas de meus livros até o momento. Estou levando muita fé nesse filho. Entreguei também a Ênio Silveira os originais do meu *Calvário e Porres do Pingente Afonso Henriques de Lima Barreto*, meu quinto livro.

Como você vê, o seu amigo não pára. Estive doze anos na Sibéria literária e agora não posso perder mais tempo. Já tenho muito tempo perdido.

Copacabana, 12/agosto/1976.

Faz exatamente dezesseis anos que pegou fogo na minha casa em São Paulo. Não obstante, lhe escrevo.

Esta semana está sendo lançado às livrarias, meu quarto livro, *Casa de Loucos*.

[...]

Tenho ainda outra boa notícia: meu quinto livro, *Calvário e Porres do Pingente Afonso Henriques de Lima Barreto* já está aprovado pela Civilização, devendo entrar em produção até o fim do ano. Enquanto isso, *Leão-de-Chácara* pulou para a 5ª edição — havendo jeito, dê uma divulgada por aí.

Copacabana, 1 de setembro de 1976.

Minha vida, depois que os estudantes de comunicação e letras me descobriram, virou uma luta dos setecentos capetas. Amanhã, terei um lançamento com autógrafos aqui em Copacabana; depois de amanhã, parto para Porto Alegre. Depois, irei a três cidades do interior gaúcho: Caxias do Sul, Rio Grande e Ijuí. Dia 10 próximo, terei o lançamento na Livraria Teixeira. Dia 13, participarei de um debate com Plínio Marcos e outros, na Feira do Jornalista-Escritor do Sindicato dos Jornalistas Profissionais do Estado de São Paulo. Desde já, você é meu convidado. Será uma noite quente.

A maior novidade que tenho (e de que você deve estar sabendo) é que meu quarto livro, *Casa de Loucos*, esgotou a primeira edição, de 5 mil exemplares, em apenas 3 (três) dias. Durma-se com um barulho desses. Andou-se dizendo aqui no Rio que pegou fogo na casa de loucos.

Copacabana, 17/10/1976.

Estou chegando de Vitória e partindo para Manaus, sempre a convite de estudantes. Sucesso em Vitória com opinião inteiramente dividida sobre mim: a ala estruturalista acha que não existo, não passo de mais um mistificador na cena nacional; os outros me recomendam com fervor. Total: duas páginas inteiras nos dois principais jornais da cidade e uma gravação no noticiário da tevê.

1981

Copacabana, 19/11/1981.

Você me pergunta sobre minhas atividades. Mal tenho tempo de atender às universidades e faculdades. Dia 10, estava aí, no Colégio Galileu Galilei para um debate sobre meus livros; dia 11 na UNICAMP, no IEL (Instituto de Estudos da Linguagem) onde adotaram e estudam no momento o meu *Leão-de-Chácara*; dia 12 em São Carlos, na Universidade Federal de lá para uma conferência sobre o meu processo de criação literária. É uma luta. É um corre-corre.

Meu velho, estou de livro novo. Mas só revelo ano que vem. Jorge Amado, Antonio Candido e Paulo Rónai gostaram.

1982

Copacabana, 22/11/1982.

Recebo sua carta e, hoje, leio a crítica que Leo Gilson Ribeiro fez sobre *Dedo-Duro*. Obrigado pelas informações.

O crítico que um dia me botou nos cornos da lua, agora acha que não passo de machista, barroco, exagerado, fascinado pelas palavras e por mim mesmo, correndo o perigo de me tornar um ultrapassado stalinista. Agora, um troço ficou chato para ele, penso eu. Eu não sou um alto inventor de palavras. Não tenho capacidades à Mário de Andrade ou à J. Guimarães Rosa. E certos termos que ele aponta como de difícil compreensão e gírias de código fechado estão dicionarizadas e bem. Exemplo: *mundrungueiro, capiongo, cafofo*. Também não me lambuzo com as palavras, são os meus personagens que as utilizam.

Como Wilson Martins, no *Jornal do Brasil*, Leo Gilson ficou num chove-não-molha, num morde-e-sopra, para concluir, meio culposo, que não pode "bitolar um dos quatro ou cinco talentos mais vivos do Brasil de hoje".

Mas deixemos isso pra lá. O importante é que *Dedo-Duro* vai recebendo algum espaço e, falando honestamente, acho até natural que leve alguns esporros. Afinal, quem sai à chuva é pra se molhar.

Tive longa conversa, semana passada, com um dos filhos de Alfredo Machado, Sérgio. A Record vai dar impulso novo a autores nacionais a partir de março do ano vindouro. Eles vão constituir um departamento só de autores nacionais. A chefia ficará com Jeferson Ribeiro Andrade, um boa praça que cuidará não só de editar, mas tratará da imagem que os livros nacionais da editora têm junto aos livreiros. Há preconceitos etc., que precisam ser vencidos.

A verdade é que Jeferson tem experiência anterior, pois trabalhou na Codecri. Com sucesso. E tem muito boa vontade. Certas coisas serão evitadas. Agora, por exemplo, há mais de 15 dias que o mercado não tem *Dedo-Duro* e *Malagueta, Perus e Bacanaço* por estarem esgotados. Ora, isso é contraproducente.

O amigo João Antônio

Caio Porfírio Carneiro

Já publiquei em revistas e jornais e dei entrevistas gravadas sobre a minha estreita amizade com o escritor João Antônio. O que vai aqui pouco ou nada muda do que falei e escrevi. Faço, portanto, um resumo desses depoimentos.

Tudo começou no final da década de 1950, quando o escritor Ricardo Ramos, que dirigia o Suplemento Literário do jornal *Última Hora*, de São Paulo, promoveu um concurso de contos de Natal. Uma centena de concorrentes. Além de duas menções honrosas, três contistas foram classificados: João Antônio, em primeiro, com "Natal na Cafua"; Julieta de Godoy Ladeira, com "Passe as Férias em Nassau", em segundo; e eu, em terceiro, com "O Pato do Lilico", que eu incluiria no meu livro de estréia *Trapiá*. A Editora Cultrix, patrocinadora do concurso, ofereceu um conquetel no salão da própria editora; depois saímos, eu e João Antônio, por aí, correndo botecos, até de madrugada. Terminamos a noitada na Praça da Sé, ambos meio de porre.

Foi o meu primeiro encontro com ele. Foi o começo de uma amizade que se estreitaria ao ponto de João Antônio, muito jovem e à procura de emprego, achegar-se à minha família, freqüentar minha casa e o escritório dos meus irmãos Manoel e Luiz Mauro, na Rua Barão de Paranapiacaba, para datilografar os contos que andava escrevendo.

Numa tarde de muito calor, convidou-me para uma cerveja. Atravessamos o Viaduto do Chá, descemos para a Rua Formosa e entramos num bar pegado ao Cine Cairo. O garçom trouxe a cerveja e ele pediu:

— Me traga também um papel de embrulho, novo.

Com um lápis, João Antônio começou a esboçar um mapa de bairros da cidade e a falar de três malandros a percorrê-los.

— Estou com esta história na cabeça. São três tipos: Malagueta, Perus e Bacanaço.

Falou muito, riscou muito, bebemos muito.

— O que você acha?

— João Antônio, estou metido com uns contos regionais. Tenho pouco tempo de São Paulo.

No dia seguinte, apareceu no escritório com rascunhos em vários bolsos e em papéis amarfanhados. Foi direto para a máquina e começou a dar ordem àquilo. Não falava em outra coisa. A novela que escrevia era uma obsessão.

Creio que foi o trabalho escrito por João Antônio com maior amor e com muita dor. Semanas, meses, escrevendo, reescrevendo, mudando, rasgando. Encheu uma das gavetas da mesinha da máquina de escrever de rascunhos desordenados, parte deles entregue à poeta Ilka Brunilde Laurito, sua amiga querida, para que ela também opinasse.

Não demorou muito tempo entrou ele espavorido no escritório:

— Caio, perdi tudo. A minha casa pegou fogo e perdi o único original do Malagueta. Não tenho cópia.

Por pouco não joguei no lixo os rascunhos que ele guardara na gaveta da mesinha da máquina. Apontei:

— Os rascunhos estão ali. Quase jogo fora. A Ilka deve ter alguma coisa.

Ele espalhou tudo aquilo num sofá.

— Puxa vida. Graças a Deus.

Levou tudo e trancado numa sala da Biblioteca Municipal Mário de Andrade reescreveu toda a novela. Tinha o material bruto em mãos, a versão quase definitiva.

Refeito o trabalho, montado o livro, fizemos a revisão final para publicação pela Editora Civilizacão Brasileira, do Rio, num sábado inteiro, no escritório da Agência Petinatti de Publicidade, Rua Conselheiro Crispiniano, quase frente ao Mappin, onde conseguira emprego com o escritor Jorge Rizzini.

Além da novela, sua menina dos olhos, tinha particular agrado pelos contos "Meninão do Caixote", "Fujie" e "Afinação da Arte de Chutar Tampinha".

A amizade perdurou sem interrupção. Adorava o mundo da gente simples, classe baixa e desendinheirada. Descobria tipos exóticos. Tudo o que rompia com os padrões estabelecidos, com a falsa moral burguesa, lhe agradava, embora andasse sempre bem vestido e engravatado. Divertia-se com o mundo da malandragem, observava-o com agudo olho crítico, extraía dele o seu lado um tanto chapliniano. Era a matéria viva da sua arte, mais do que a outra, que se escondia nas sombras dos problemas sociais.

Depois de uma primeira fase no Rio, voltou definitivamente para lá.

Veio, então, a etapa da correspondência. Uma correspondência intensa, sem interrupção, que perdurou pelo resto da década de 60, toda a década de 70 e parte da de 80. Com o tempo, ele lá e eu aqui, tudo acabou nos raros encontros pessoais, quando ele vinha a São Paulo.

Casou-se com Marília, criatura doce, que lhe deu um filho. Anos depois, ela e o filho foram morar nos Estados Unidos. João Antônio passou por outros amores. Mas, nos momentos de aflição ou solidão, era para Marília que telefonava e apelava.

Os anos se passaram, a correspondência continuou e quando nos encontrávamos, casualmente, no Rio ou em São Paulo, sempre tirávamos uma noite para uma conversa mais longa. Numa dessas, num encontro na "Oficina da Palavra — Casa Mário de Andrade", na Barra Funda, em São Paulo, voltou ao desabafo de uma das cartas:

— Continuo sem poder beber, Caio. Uma merda.

— E você bebe?

— Claro. Viajo muito. O que que eu vou fazer? Água?

Cresceu nas Letras, fez sucesso no exterior, mas nas suas cartas, volta sempre, como uma obsessão, ao seu livro de estréia — *Malagueta, Perus e Bacanaço.*

As cartas passaram a ser raras, mas sempre no mesmo tom, naquela sua maneira de escrever, misturando assuntos, jogando no papel o que vinha na cabeca. Pula de uma frase belamente construída para outra cheia de palavrões. Pouco me falava dos seus sucessos literários e eu pouco lhe falava das minhas possíveis vitórias. Nunca falava da sua vida amorosa, um pouco dos seus projetos, e eu me comportava da mesma maneira. Porque é uma sucessão de cartas amigas, nascidas de uma afetividade muito particular.

Talvez visse em mim, ou através de mim, inconscientemente, o nascimento dos seus três malandros queridos. Tão queridos que *Abraçado ao Meu Rancor,* ao meu ver o seu melhor trabalho depois do *Malagueta,* é, em essência e no fundo, o rancor e a raiva de não mais conseguir ligar o presente ao passado, ao começo da sua carreira.

Vi-o, pela última vez, na Bienal Internacional do Livro, de 1996, aqui em São Paulo. Levantou-se da mesinha onde autografava e quase me segredou, depois do abraço:

— Preciso falar com você. Não vá embora.

Mas fui a outro pavilhão e encontrei um amigo que podia me deixar em casa de carro. Aproveitei, certo de que, no dia seguinte, falaria com ele na Bienal. Mas ele voltou para o Rio.

Morreu pouco tempo depois.

Não chegou aos sessenta esse escritor notável, que nasceu com o nome de João Antônio Ferreira Filho, de família modesta, em modesto bairro de São Paulo.

Parece que o estou vendo, sempre com aquele sorriso maroto...

João Antônio cita muitos nomes nas cartas, grande parte deles de amigos ocasionais, que passaram e dos quais não tenho mais notícia. Necessário, entretanto, destacar alguns: Maria Geralda, autora do belíssimo livro de contos *As Três Quedas do Pássaro*. Ficou apenas nesse livro e João Antônio nunca se conformou com isso. Insistia para ela continuar, o que não aconteceu. Carlos Frydman, belo poeta. Na época publicou o livro de poesias *Os Caminhos da Memória*. Amir Vieira, jovem que venceu o concurso literário promovido por Judas Isgorogota, com o conto "A Enfermeira". Eu, Judas e João Antônio integramos a comissão julgadora. Pois quando João Antônio coube que o Amir era de Apiaí, viajou com ele para lá e passaram uns dez dias caçando, bebendo e tomando banho nas quedas d'água da Serra do Mar. Amir Vieira chegou a escrever um romance, que nunca publicou. Meteu-se a estudar e dar palestras sobre ritualística. Há anos não nos encontramos. Marília, a esposa, era novinha, magrinha, bonita. Criatura doce e humana. Ainda hoje é minha amiga. Hermann José Reipert, este um dos maiores injustiçados da literatura brasileira. Estreou com uma novela notável — *Travessa do Elefante, Sem Número*. Depois lançou a novela *A Outra Infância*. Monumental. Trabalhava na Biblioteca Municipal Mário de Andrade. Tímido e recolhido. Costumava fazer reuniões aos sábados à tarde, no seu apartamento, na Rua São Francisco, perto da Praça Marechal Deodoro. Sempre aparecia a escritora e professora Nelly Novaes Coelho. Depois, eu, João Antônio e Hermann saíamos percorrendo boates. Dedicado totalmente à literatura. Publicou outros livros, por conta própria, de circulação pequena e nenhuma distribuição. Todos da melhor qualidade. Ficcionista notável. O Brasil precisa conhecê-lo. Sofrendo de diabetes, vi-o a última vez, há muitos anos, quase cego, juntamente com a esposa Terezinha, numa agência bancária. Voltou para Santos, sua terra natal, e lá faleceu. Henrique L. Alves foi um dos maiores divulgadores culturais de São Paulo e do País. Faleceu há alguns anos. Deixou vasta obra e foi presidente da União Brasileira de Escritores.

A revista *Ficção*, a que tanto se refere João Antônio, fui o representante dela aqui em São Paulo.

Alguns nomes, particularmente do Rio, eu não conheci. Outros, vivos ou falecidos, adquiriram vôo próprio, prestígio literário. Não precisam ser citados.

Caio Porfírio (de Castro) Carneiro é cearense (Fortaleza, 1928), radicado em São Paulo desde 1955. Praticou o jornalismo, mas foi na ficção, em particular no conto, que sua produção literária se destacou: *Trapiá* (contos, 1961), *Bala de Rifle* (novela policial, 1963), *O Sal da Terra* (romance, 1965), *Os Meninos e o Agreste* (contos, 1969), *Uma Luz no Sertão* (romance-reportagem, 1973), *O Casarão* (contos, 1975), *Chuva — Os Dez Cavaleiros* (contos, 1977), *O Contra-Espelho* (contos, 1981), *10 Contos Escolhidos* (1983), *Viagem sem Volta* (contos, 1985), *Quando o Sertão Virou Mar...* (literatura juvenil, 1986), *A Oportunidade* (novela, 1986), *Profissão: Esperança* (lit. juvenil, 1986), *Da Terra para o Mar, do Mar para a Terra* (lit. juvenil, 1987), *Três Caminhos* (novela, 1988), *Dias sem Sol* (novela, 1988), *Rastro Impreciso* (poesia, 1988), *Os Dedos e os Dados* (contos, 1989), *Primeira Peregrinação* (reminiscências, 1994), *A Partida e a Chegada* (contos e narrativas, 1995), *Cajueiro sem Sombra* (literatura juvenil, 1997), *Mesa de Bar* (quase diário, 1997), *Contagem Progressiva* (memórias, 1998), *Perfis de Memoráveis — Autores Brasileiros que não Alcançaram o Terceiro Milênio* (2002), *Uma Nova Esperança* (Lit. juvenil, parceria com Maria José Viana e Paulo Veiga, 2002), *Maiores e Menores* (contos, 2003).

Cartas a Fábio Lucas
(Período de 1968 a 1996)

Copacabana, 27/maio/1996.

Fábio Lucas. Prezado.

Quero lhe agradecer a atenção que você dedicou à minha tentativa de um poema. Você, com sempre, se expressa com sabedoria e amadurecimento. Seu parecer já me leva a algumas reflexões e estas, sem dúvida, precisam amadurecer.

Também quero deixar claro que, acima de tudo, sua atenção me foi muito útil. Talvez o texto que lhe mandei, resultado de um acidente extraordinário ou incrível, pertença mesmo a um corpo maior e, só o trabalho e o tempo dirão, precisa crescer ou derivar e ganhar outras dimensões.

Enfim, a velha coisa, Fábio Lucas. A literatura não dá sossego a quem se mete com ela, amante implacável e nunca saciada, aventura sem volta. A gente termina (ou pensa que terminou) um texto e se promete nunca mais se meter em encrenca semelhante. Quando vê, está metido numa pior. E não há cair fora, só há continuar. Pior, escrever fica cada vez mais difícil.

Sei de sua vida muito ocupada e tempo escasso. Também por isso desejo reforçar o minha gratidão pela sua paciência e boa vontade.

E creia, Fábio Lucas, senti amizade em suas palavras, o que me comove.

Espero que você já tenho recebido o seu exemplar autografado de uma coletânea minha, "Patuléia" editada pela Ática.

Receba um abraço saudoso do seu

JOÃO ANTÔNIO

1968

São Paulo em oito de outubro de 1968.

Zé Hamilton Ribeiro recebeu sua carta. Ele que estava gozando férias, ou melhor, escrevendo um livro em Casa Branca, interior de São Paulo, teve de se abalar para São Paulo, onde viveu, vivemos uma crise de quase dez dias por causa de um diretor que nos impingiram na revista *Realidade*. Coisas de quem está na fogueira.

Enviei, hoje, entre *Mentira dos Limpos*, de Manoel Lobato e *A Mãe e o Filho da Mãe*, de Wander Piroli, o seu *Compromisso Literário* para a Tchecoslováquia. Minha tradutora, Pavla Lidmilová, respondeu-me a uma carta noticiando que tem recebido bem as minhas coisas, que não tenho por que me preocupar com a correspondência, tudo certo etc.

A cachaça que você tão gentilmente me ofereceu, já voou pela minha goela abaixo, sumindo na saudade. Uma pena que acabou. Era uma excelente cachaça. O que é bom dura pouco, como diz o povo.

1969

Rio de Janeiro, 17 de dezembro de 69.

Aqui segue também um romance de João Felício dos Santos, *Ataíde, Azul e Vermelho*, uma recriação de mineiridades com boêmia, cores barrocas e sexo no recheio.

Abraços gerais aí e especiais para o nosso Manoel Lobato.

1970

Rio de Janeiro, 14 de junho de 1970.

Lobato, o nosso Lobato, já deve lhe ter dito que (fez ontem um mês) estou internado no Sanatório Tijuca para tratamento dos nervos, de possível esgotamento, estafa, desequilíbrio emocional e não mais sei quantos nomes para fazer a caracterização de saco cheio, paciência esgotada. Mas já tenho melhorado.

Espero que o amigo, apesar de todas as limitações que a vida lhe impôs, esteja o melhor possível. O próprio Lobato foi que me escreveu que você estava chegando, há dias, da publicação de novo livro pela Paz e Terra, intitulado *O Caráter Social da Literatura Brasileira*, em que cita, várias vezes, os contos deste seu amigo. Não vi ainda o livro, mas tenho a certeza que trará a boa marca das coisas em que entram o seu dedo, Fábio Lucas. Gostaria muito de enviar um exemplar desse seu novo livro para a Tchecoslováquia, à minha tradutora, Pavla Lidmilová. Você sabe que ela acaba de traduzir trabalhos de Murilo Rubião e de Guimarães Rosa? Ela estima bastante as remessas de coisas e produções brasileiras (literatura, estudos e discos, geralmente) que lhe faço.

Embora não podendo do ponto de vista financeiro, Fábio, resolvi, juntamente com Marília, fazer uma parada nesta vida de correrias, atropelos e mourejar. Daqui pra frente teremos de nos arranjar com 30% (trinta por cento) a menos nos meus vencimentos, pois, é essa a porcentagem que o INPS dá aos associados internados. Enfim, Fábio, é a vida. A verdade tranqüila é que eu não estava mais agüentando o tranco diário.

Lobato, o nosso bom Lobato, um coração que já não tem tamanho. Sempre me dá notícias suas.

Faz uns dois meses, fiquei conhecendo um homem extraordinário, José Rubem Fonseca, o contista. Falamos muito e temos falado. Nas nossas conversas, entrou você. Rubem Fonseca gosta um bocado de você. Ele já me fez uma visita ao Sanatório e me deu grande alegria.

Estou escrevendo de casa, onde passo experimentalmente o domingo, para matar saudades de Daniel Pedro, meu filho e de Marília, minha mulher. Como você pode sentir, já estou bem melhor.

Rio de Janeiro, 29 de junho de 1970.

Agradeço-lhe a carta de 18, em que você me estende tantas palavras generosas, que realmente me tocam, pois, vêm de alguém que sofreu as conseqüências desse complexo nacional. Na pele, na carne. Agora, Fábio Lucas, que eu também entrei, pelos meus caminhos e maneiras, no rol dos mais atingidos (eu era outro homem há cinco anos atrás) posso avaliar um pouco de perto as dimensões de sua degola, de sua luta pela recuperação de alguns pontos. Aí, mais um ponto de louvor: sua luta continua, você não se deu por achado. Parabéns!

O Fausto Cunha ficou de me mostrar um exemplar de seu livro, assim que ele aparecesse para a venda. Revisei, ainda no Sanatório da Tijuca, minha novela *Paulinho Perna Torta*, para uma segunda edição de *Os Dez Mandamentos*, antologia de autores brasileiros, lançada pela Civilização Brasileira. Tenho muitos planos de produção, apesar das necessidades imediatas de produção jornalística para sobreviver. É que continuo afastado do trabalho, recebendo apenas 70% de meus vencimentos, pelo INPS. Ora, para quem já não vivia bem com os 100%...

Agradeço-lhe, nesse ponto, as suas palavras ainda uma vez inteligentes e construtivas: "Se você está atravessando o sertão bravo, tire proveito dele, colha alguma coisa, pois o campo do possível é inesgotável". É preciso mesmo, Fábio Lucas, fazer alguma coisa com este mundo de sofrimentos, violentações, asperezas, humilhações e vergonhas.

Suas palavras sobre meu filho, Daniel Pedro, me tocam, é claro. Respondo-lhe dizendo que faço tudo para que ele tenha uma infância menos violentada que a minha, seja mais criança. Tanto que ele já vai à escolinha de arte desde os dois anos e meio e que é um dos alunos queridos lá. Alegra-me bastante que ele viva outra vida, sem azedumes, sem grandes amarras, sem "as tristezas enegrecidas", como diz um samba-enredo.

1973

Copacabana, 3 de setembro de 1973.

Desculpe o meu silêncio longo, mais devido à natural falta de tempo do que por desinteresse por sua vida aí no exterior. Esta minha profissão, além de dar aquele tipo de mão de obra brutal para obtenção de resultados apenas razoáveis, envolve, ocupa, absorve. Veja que eu, no momento trabalhando numa nova fase do *Diário de Notícias*, tenho exatamente um dia de folga por semana, o domingo. Logo, sobra bem pouco tempo para quaisquer ocupações não profissionais.

Na sua carta, você me confessa que os portugueses dizem que os brasileiros são uns inadaptados fora de sua terra. Não tenho meios para discordar e, acho mesmo, que isso reflete uma realidade que vai pelo menos até a geração que hoje está com 22 anos no Brasil. Realmente, brasileiro fora do Brasil é uma espécie de peixe fora dágua. Aquela história de acessos de saudades etc. Mas acredito também que cada caso tenha os seus particulares. Talvez uma geração futura, como a do meu filho, que hoje tem 6 anos, esteja mais preparada para uma vida mais internacionalista. No momento, conheço gente com menos de 25 que não se adaptou fora daqui.

Copacabana, 17 de dezembro de 1973.

Minha profissão, boa porcaria que envolve até o último fio dos cabelos, a ponto de não deixar tempo nem para ir vê-lo no dia de seu casamento. Espero que Manoel Lobato tenha lhe apresentado minhas desculpas.

[...]

Sim, minha amizade com Lobato vai até intimidades escondidas. Uma amizade boa, das que têm me valido em momentos-limite.

Meus problemas individuais, como diria Ezra Pound, estariam resolvidos, ou pelo menos bastante minorados, com um bom livro de cheques e fundo ilimitado. Desculpe a rudeza, mas é assim.

Não lhe posso dizer, Fábio Lucas, que a minha literatura tenha caminhado. Nem muito, nem pouco. Provavelmente, ela mudou. *Malagueta, Perus e Bacanaço* é um livro da juventude. Hoje, dentro de mim, há revoltas, mágoas, descréditos e até entendimentos das pessoas e do País em que vivo, que me levariam fatalmente a uma linha de produção nos lados de Lima Barreto, talvez. Uma visão ácida do social e do psicológico deste País. Tenho trabalhado, apesar de ter sobrevivido numa profissão terrível, principalmente para mim. Para lhe dar uma resposta, um consolo talvez: estou resolvido a tentar uma obra (o vocábulo é muita empostação de minha parte) para ficar. Sei lá se poderei vê-la publicada nos dias que correm.

Depois de dois longos papos que tive com Waldomiro Autran Dourado, tenho certeza que é preciso fazer uma literatura pra valer. Não tenho, no entanto, ilusões: faz seis meses que procuro um editor para reeditar *Malagueta, Perus e Bacanaço* e até o momento, nada. Daqui pra frente, com problemas de papel e gasolina, as perspectivas tendem a se fechar mais. O que se pode esperar da literatura numa terra assim?

"Tudo é um vasto jogo", segundo sua carta. De acordo, Fábio Lucas. E tem mais, no meu caso: minha literatura só vale o que ela vale (se é que tem algum valor) no meu país.

Há pouca novidade literária. Há poucas livrarias no País (menos de 500) e temos de sobreviver.

1974

Copacabana, domingo, 29 de setembro de 74.

A temporada atual não é exatamente ruim, principalmente em se tratando de quem chega de dez anos de congelamento literário, determinado por vários fatores. Inclusive o de editores. Estou com dois livros para serem impressos, a segunda edição de *Malagueta, Perus e Bacanaço* e o lançamento de meu segundo livro de contos, *Leão-de-Chácara*, todos no ano que vem e pela Civilização Brasileira. Também estou trabalhando em dois novos livros. No entanto, Fábio Lucas, não confio um só momento nos editores nacionais. Só quem não os conhece acredita neles. Em todo o caso, como não tenho opções...

Lamento que a vida aí nos USA não esteja correndo como você merece. Mas é assim sempre, Fábio Lucas: acabam nos tirando o sangue e a gente fica sem tempo para o fundamental: escrever, ler, ir construindo uma obra.

Que lhe posso pedir daí, amigo? Gostaria que você arranjasse para editar nos USA todos os autores brasileiros de valor, sem exceção, de Manoel Antônio de Almeida a Lima Barreto e chegando a Sérgio Sant'Anna e Wander Piroli. Entendeu?

Toco a vida como posso. Tanto trabalho que mal e mal tenho tempo para me coçar. Além de *O Pasquim*, faço outras colaborações na imprensa, além dos livros que estou preparando. Estou acordando às 6 da manhã para ter tempo. Uma vida imbecil, conforme se vê. Mas é como me diz Waldomiro Autran Dourado na dedicatória do seu novo romance, *Os Sinos da Agonia,* que me enviou: "Você persiste, apesar de saber que a luta é inglória."

1980

Copacabana, 5/11/1980.

Estive em São Paulo a convite de estudantes de letras de duas faculdades particulares — Ibero-Americana e a FMU, da Avenida Liberdade. Os alunos fizeram trabalhos sobre o meu conto "Meninão do Caixote". O professor das turmas é Jiro Takahashi, assessor editorial da Ática.

Foi um sucesso junto aos estudantes, embora para mim mesmo tenha significado um desgaste considerável. Tinha a intenção de lhe telefonar e procurar outros amigos, mas acabei ficando sem tempo até para me coçar.

Quero lhe comunicar que estou, depois de quase vinte anos, tirando todos os meus livros da Civilização Brasileira e passando-os para a Record. Assim, ainda este ano, sairão a 7ª edição de *Malagueta, Perus e Bacanaço*, a 6ª de *Leão-de-Chácara* e a 3ª de *Malhação do Judas Carioca*. Os outros estão presos ainda na Civilização e na L&PM de Porto Alegre. Mas espero com o tempo passá-los todos para a Record.

Entusiasmado com os resultados junto aos estudantes paulistas, resolvi pedir ao Jiro e a outros professores — Marisa Lajolo, João Ribeiro e Benjamin Abdala Júnior — que me dessem uma força junto às suas turmas de estudantes, indicando os meus livros como leitura e lhes sugeri que, depois, me chamassem para debates com os alunos, a exemplo do trabalho do Jiro Takahashi. Os resultados poderão ser bons.

Continuo me comunicando sempre, há praticamente vinte anos, com o nosso Manoel Lobato, que fica melhor à medida que vai pintando de branco os cabelos. Foi ele quem me forneceu o seu endereço.

Trabalho em novo livro, ainda sem título. Mas trabalho duro e é possível que chegue a um resultado decente.

1984

Copacabana, 29/10/1984.

Estão acontecendo algumas novidades com os meus livros e, penso, a principal foi uma surpresa: minha coletânea mais recente, *Meninão do Caixote*, foi adotada como livro-texto para o vestibular de português em Minas Gerais. Já estive lá, a convite, para participar da Feira do Livro, da Praça Sete, e também para conversas e debates com estudantes sobre o meu processo de criação.

Cassiano Nunes, de Brasília, me escreve que fez sucesso falando a mais de duzentos alunos, recentemente, sobre o tema: "João Antônio: Da Sinuca à Literatura".

Agora necessito de uma informação sua e, me desculpe desde já, se o estou amolando: a quem, professores ou coordenadores, eu deveria me dirigir aí em São Paulo para pelo menos tentar que *Meninão do Caixote* consiga uma carreira semelhante em São Paulo?

Afinal, São Paulo e Rio, até o momento, jamais homenagearam um trabalho meu como fez Minas. Serão os mineiros mais dadivosos?

Copacabana, 9/12/1984.

A vida é sábia, Fábio Lucas. Tempera porradas com alegrias. E, se de um lado, meu pai foi operado várias vezes e teve uma perna amputada, a esquerda, aí em São Paulo, trazendo para toda a família um sofrimento tremendo, por outro, minha carreira vai seguindo.

Obrigado por todas as suas atenções. Tenho estado bastante em São Paulo, procurando dar um pouco de força moral à família nem tão pequena.

Não lhe prometo uma visita já. Deixa a tempestade passar um pouco.

Dia 12 próximo estarei em BH para receber o Prêmio Nacional de Literatura Cidade de BH e, depois, tocarei para Salvador e para a Ilha de Itaparica, pois, estou coordenando matéria para a tevê sobre João Ubaldo Ribeiro.

1986
Copacabana, 03/12/86.

Obrigado pelos elogios ao meu *Abraçado ao Meu Rancor*, livro lançado ao mercado em época totalmente imprópria: de um lado o finalzinho da Bienal do Livro no Ibirapuera, de outro o começo da febre eleitoral. Depois, a atual crise. Na semana última aconteceram tantas coisas na área político-econômica que certamente daria motivos a um estudo de um mês para um historiador. Assim, pelo menos aqui no Rio, as livrarias tiveram uma queda de vendas que chegou a 40%.

[...]

Apesar de todo o percalço comercial (misteriosamente, por exemplo, *Abraçado ao Meu Rancor* não é encontrado em Minas) o livro vai indo. Aos trancos e barrancos, como tudo na República das Bruzundangas, que Graciliano Ramos chamou, magistralmente, de esculhambação nacional. Editoras, distribuidores e livreiros brigam entre si, amaldiçoam o trabalho que fazem e, com isso, perdem o escritor, o leitor e o próprio livro.

Enfim, o país. Pessoas que amaldiçoam seus comércios e não procuram seus sindicatos.

O livro tem encontrado uma recepção boa, ótima mesmo entre pessoas de alta categoria literária.

Não me queixo.

1987

Copacabana, 11/3/87.

É só um bilhete pra lhe dizer que já estou no Rio. Estou bem.

Estive internado 15 dias no Pavilhão de Angiologia do Hospital Salvador Allende. Quase sofri uma cirurgia. Escapei por muito pouco, coisa incrível.

Também este bilhete é pra lhe agradecer todas as atenções que você vem tendo comigo. Dentro e fora de casa.

Copacabana, 27/3/1987.

Não estou novinho em folha, mas debaixo de uma dieta tão cruel que me proibe até refrigerantes, pois, contém açúcar não natural, isto é, industrializado. É vida?

Obrigado pela liberação do seu artigo. Enviarei cópias a amigos de outros jornais.

Antônio Hohlfelt, que conhecemos pela voz alta e afobação, me pede um depoimento sobre Cuba, Ora, ora... é preciso algum tempo de reflexão. Estudarei o convite com calma. Na correria não faço nada, não, Bastam as reportagens que fiz ao longo da vida, corridas e suadas. Em todo o caso, estudarei o convite superficial do nosso afobadinho companheiro de banca.

Pelezão, o Guru, precisa ser mais prestigiado no país. Aliás, Fabio Lucas, o país enlouqueceu. Jamais vi um caos tão generalizado. Tudo perdeu o referencial de preço. Está uma zona. O governo federal precisa saber que o país não é um Maranhão. Aqui no Rio, a farsa anda grossa e deslavada, tanto que meteram, sob algemas, o banqueiro de bicho Castor de Andrade em cana. É uma farsa.

Sábado passado, 21/3/87, José Paulo Paes publicou um artigo generosíssimo sobre o meu *Abraçado ao Meu Rancor* no Suplemento Cultura de *O Estado de S. Paulo*, sob o título de "Ilustração e Defesa do Rancor", coisa de página e meia. Pareceu-me um trabalho da mais alta qualidade, embora eu seja suspeito pra falar. Você o leu, que lhe pareceu?

Estou aguardando quaisquer novidades sobre o Prêmio Nava. Quem sabe dou uma sorte... Você tendo quaisquer notícias, avise-me, por favor.

[...]

Creia, a gota na mão direita até hoje me aporrinha. Não é incrível?

PS. Você tem razão. *In Pelezão veritas.*

Copacabana, 28/4/1987.

Quero lhe submeter um texto, esse "Viva o Bicho". É coisa que me fascina e engordo há algum tempo, como faço com assuntos amados. Tivesse, no caso, tempo e dinheiro, e iria fundo na investigação de certos escondidos do bicho. Agora, tirei uma xerox do texto e lhe envio. Fico esperando (ele é inédito, no seu todo) a sua opinião, sempre necessária.

Agora, à tarde me telefonaram, de São Paulo, Cláudio Willer e Jorge Medauar, pra me dizerem que *Abraçado ao Meu Rancor* ganhou o Prêmio Nava de Literatura. Claro que fiquei muito contente, pois, as coisas andaram azedas pro meu lado com coisas de saúde e outras aqui em casa. Desde a volta de Cuba. Alegra, reconforta.

Fico aguardando suas palavras sábias.

Copacabana, 10/5/87.

Espero que você tenha recebido um texto meu, "Viva o Bicho", que lhe enviei em remessa passada. Estou aguardando a sua opinião.

Agora, mais um favor. Temos, tem a literatura brasileira, um grande amigo na figura do professor Erhard Engler, de Berlim Oriental. Acontece que lá ele tem dificuldade em receber livros de e sobre autores brasileiros. Ele está principalmente interessado em livros de crítica contemporânea sobre literatura brasileira. Aliás, estou precisando do endereço do Roberto Schwarz, autor de *O Pobre na Literatura Brasileira*, a quem vou procurar nesse sentido.

Direção de Erhard Engler: [segue-se o endereço].

Engler está providenciando a tradução e organização de uma antologia de contistas brasileiros.

Estou escrevendo a outros colegas pedindo que enviem os livros, recortes de críticas, material, enfim.

Engler é dedicado e a gente não vai se arrepender.

Copacabana, 01/junho/1987.

Grato pela sua opinião sobre "Viva o Bicho". Todas as suas observações são oportunas e, inda mais, as suas chamadas *pequenas observações*. São pequenas, sim; mas ajudam.

Douglas Tufano é ótimo. Cabeça no lugar, humílimo e bem acordado. Um amigo do Brasil. É decente e limpo. Tem caráter e é humaníssimo. Você me indicou a um excelente amigo. Obrigado.

Venho pedindo aos amigos que votem em Antônio Callado. Não me esqueci.

Agora, mais um favor. Ganhei uma bolsa da DAAD na Alemanha Ocidental. Irei para lá em agosto, se tudo ajudar. Eu gostaria, aproveitando a oportunidade, de ir também, a convite, à Tchecoslováquia. Estou traduzido lá e *Malagueta, Perus e Bacanaço* foi radiofonizado pela Rádio de Praga. O nome de minha tradutora é Pavla Lidmilová. Ela já me confessou que não tem força pra me convidar oficialmente. Mas sugeriu que a UBE poderia me indicar, solicitando o convite à União dos Escritos Tchecos.

Seria possível conseguir isto?

Voltarei neste fim de semana a São Paulo. É que o pessoal da Casa da Cultura de Jundiaí gostou de meu papo e resolveu me convidar novamente. Também devo ir à PUC de Campinas. E a um colégio de São Paulo, capital, o Magnum. Enfim, me convidam. É pé na estrada.

Tendo de ir à Alemanha, minha cabeça anda a mil. Muita coisa.

Pessoal do Prêmio Pedro Nava não voltou, até o momento, a se comunicar comigo. Aguardo.

Bicho. Voltarei a pegar o assunto. Quando, não sei; mas voltarei. É ter um jeito e tempo. Ali, só uma pegada ligeira, ao de leve. Você me ajudou bem com suas observações. Creia.

Não esqueça de enviar, por favor, seus livros ao E. Engler na Alemanha Oriental.

Copacabana, 25/6/1987.

Você continua com a cabeça no lugar. Não ouve cantos de sereia. Parabéns pelo artigo!

Já enviei, na 2ª feira, meu voto para o Intelectual do Ano: Antônio Callado.

Tomei a liberdade de enviar seu artigo "Presença da Literatura em Cuba" para Havana (Casa de las Américas).

Copacabana, 03/7/1987.

Muito bom o artigo "Poetas", excelentes observações sobre a nova safra que escreve — conforme se vê e você demonstra — curto e grosso. Claro, esta poesia é a que avança.

Antônio Callado ganhou o Juca Pato. Parabéns.

1988

Berlim, 16 de junho de 1988.

Estou desde agosto passado nesta fria, velha e poluída Berlim de 750 anos. Tenho viajado bastante, fui à Polônia e à Itália. A convite, tenho andado bastante a Alemanha e conferenciado, entre outras, em Frankfurt, Heidelberg, Colônia, Freiburg, Giessen, Tübingen... Em Hamburgo e Colônia, tive a alegria de conferenciar sobre Lima Barreto. No momento, aqui em Berlim, o trabalheiro é grande: está sendo rodado um filme sobre mim, longa metragem (!), espécie de "o escritor e a cidade". Um trabalheiro tomando muito tempo. Também tenho ido à DDR (Berlim Oriental) participar de um congresso sobre literatura. Seminários sobre os meus livros e novas traduções estão acontecendo por aqui. Lobato, o meu Lobatuncho, me informa que você publicou artigo na *Colóquio/Letras* de Portugal sobre *Abraçado ao Meu Rancor*. Seria possível, por favor, me enviar cópia? Além de tudo, gostaria de receber notícias suas e do sol do nosso país. Aqui passei oito (8) meses sem ver a cara desse senhor que, em alemão, é feminino!

Copacabana, 3/10/1988.

Estou voltando à terra, depois de mais de um ano na Alemanha, fazendo conferências, *lesungs* (leituras) e debates e, principalmente, viajando e vivendo.

No momento, o meu coração está em festa. Nosso país é lindo, grandiosamente. E nosso povo tem uma alegria de viver, uma vivacidade, um sentido do lúdico que o torna fascinante, apesar de todo o miserê a que vive submetido. Mas a nossa classe política e o sistema geral estão a merecer que o povo saia às ruas para um grande enterro em tamanho federal.

Muita correspondência acumulada. E entre elas, escritos seus que li, com gosto.

Quem lhe manda um abraço é também Igor, aquele brasileiro de Havana, o Igor Godoy, tão hospitaleiro com a gente. Ele, no momento, está aqui no Rio.

Copacabana, 17/10/1988.

Recebo sua carta e lamento sinceramente sua crise renal. Não gostaria de falar no assunto: durante anos fui vítima dessas crises. Algumas me levaram, em estado doloroso inagüentável, a pronto-socorro aí em São Paulo e aqui no Rio. Numa delas, saí de madrugada, só de bermudas, desabotoada a cintura, pois, eu não agüentava a dor.

[...]

Minha saúde, você sabe, pererecou durante anos. Mesmo em Cuba, você via, eu não estava nada bem.

Creio, Fábio, que aquele que, de certa forma, acertou comigo, foi um médico aí de São Paulo. É homeopata e também alopata. Um sujeito ainda jovem e extremamente lúcido. Já tem trabalhos publicados e cheguei a ele através de um bom amigo que hoje vive no Rio. Eu vivia atrapalhado. Sei lá se era andaço ou o que era. Você deve procurá-lo, se desejar, é claro, levando os seus últimos exames. Agora, por favor, no caso de procurá-lo, conte tudo. Pode elogiá-lo à vontade, dizer que o amigo meu que o indicou acha que ele é gênio e outras qualidades altas. Ele não liga pra elogio. Ele não era careiro, agora não sei a quantas anda. Ficava em Vila Pompéia, agora não sei mais se ele lá está. Pegue o endereço completo em que o visitei: Dr. Marcos Amaral Campos [...]. Ele faz parte de um grupo de homeoterapeutas e esse lugar chama-se VITAE.

Eu não estaria lhe passando esta indicação apenas pra lhe fornecer mais uma.

Outra coisa: beba muita água. Se possível, dê um pára geral em tudo quanto é álcool. Coma pouca carne e mais vegetais. Da carne de porco é melhor se esquecer que existe. E vá devagar com o feijão. Sei que tudo isso, para um brasileiro em geral e mais para um mineiro em particular, é duro evitar. Eu mesmo, Fábio, não posso falar com autoridade a ninguém: ando caindo numas feijoadas e numas carnes apimentadas, ando entornando uns alcalóides, que já estou na hora de dar um basta. Preciso não confundir saudades do Brasil com esbórnia e comilança.

Agora, nem tudo é proibição e a homeopatia do Dr. Marcos Amaral Campos tem a suprema vantagem de não proibir o *mais principal*, que é mulher.

O que quero dizer também é que você não deve se encher de remédios químicos que, sabemos, estabelecm dependências e outros riscos.

Chega, Fábio, de bancar o bom conselheiro. O que desejo é que você se restabeleça, pois, não merece esse sofrimento todo. Fique bom, homem!

1989

Copacabana, 25/7/1989.

Tenho lido seus artigos aos sábados no *Jornal da Tarde* no Caderno de Sábado, provavelmente o melhor suplemento de cultura que se esteja editando no Brasil.

Novidade é que todos os meus livros passarão a ser editados pela Estação Liberdade, aí de São Paulo, sob a batuta de Jiro Takahashi. Começaremos por *Leão-de-Chácara*, cuja 7ª edição deverá estar pronta dentro de uns dez dias no máximo. Terá tratamento especial, capa de Elifas Andreatto e apresentação crítica de Jesus Antônio Durigan, da UNICAMP, além de um caderno iconográfico no final do volume.

Também como curiosidade. Foi defendida e publicada, em Bauru, uma nova tese sobre os meus escritos: *GÍRIA: Vulgarização de um Signo de Grupo? (Estudo a Partir de Contos de João Antônio).* A autora é Ana Rosa Gomes Cabello.

Agora, uma chateação e espero que você tenha boa vontade comigo. Terminei, depois de muitas voltas, um conto a que dei o título de "Morre o Valete de Copos". Não preciso falar dele. Você, Sábio Lucas, perceberá de pronto os caminhos que ele percorreu para chegar ao que é.

Você me perdoe a liberdade que estou tomando. Sei que você é ocupado, tudo o mais. Mas gostaria muito de receber a sua opinião, a mais franca possível, sobre este meu texto. Querendo, me devolva com as suas impressões, a cópia que ora lhe envio.

Copacabana, 17/8/1989.

Sábio Lucas, muito grato pelas suas atenções todas. Recebi o seu cartão, cheio de sensatez, logo que voltei ao Rio. Considerarei o que você observou.

Só discordo quando v. me chama de um dos mestres do conto brasileiro. Não passo de aprendiz de bruxaria. Mestre, sim, foi o novíssimo e sempre esperto bruxo do Cosme Velho, o Machado de sempre.

Você já deve ter recebido o autografado *Leão-de-Chácara* em 7ª edição. Diga-me como o viu. Falei a Nilo Scalzo, do "Cultura" e ele, provavelmente, vá encomendar um artigo a você. Mas você fique à vontade. Por favor.

Nem queira saber as grandes alegrias que a 7ª edição de *Leão-de-Chácara* tem me dado e ainda me dará. É incrível: ele está abrindo espaço na imprensa e pedindo passagem como se fosse pela primeira vez. O trabalho de Elifas é um primor, papa-fina, um tiro na mosca.

Diga-me o que achou do prefácio de Jesus Antônio Durigan.

Copacabana, 15/12/1989.

Estou lhe escrevendo não só para cumprimentá-lo neste final de ano, mas para nos desejar que tenhamos, antes do chamado Natal e do chamado Ano Novo, um presidente de verdade que assim não só seja chamado. Um presidente digno e decente e não apenas mais um chefete de governo como o atual, Sarnoso e títere Ribamar. E que o novo presidente não se pareça com o Pinóquio.

Gostaria também de conhecer o seu texto sobre "Nove Mulheres" e, me parece, Nilo Scalzo lhe encomendou um artigo sobre *Leão-de-Chácara*. Será que eu teria possibilidade de conhecer esses dois trabalhos?

De resto, meu velho, vou trabalhando sempre, apesar de, quando em quando, me baixar uma crise de gota e aporrinhar bem. Não é nada, não; apenas tenho um metabolismo preguiçoso, assim como o Pinóquio, Rei dos marajás, é naturalmente um mentiroso. Houve já quem o comparasse a um pingüim, mas vamos deixar em paz essa ave bela e digna de alguns locais gelados. É Pinóquio mesmo, pelo nariz e pela mentiralhada. Enfim, Alagoas (o doutor Mentira nasceu aqui no Rio...) já nos deu contribuições mais aproveitáveis.

[...]

Você tem notícias do Manoel Lobato?

1990

Copacabana, 09/l/1990.

Vamos aguardar pelo destino de "Nove Mulheres". E vamos torcer principalmente pelo Jiro Takahashi na Estação Liberdade.

Os tempos mudaram (e v. sabe disso, Fábio, Sábio Lucas) e hoje os editores precisam entrar de rijo no mercado, serem marketeiros, como se diz agora. Uma livraria, há muito e muito tempo, não temos mais livrarias. Temos, sim, balcões de lançamentos, com 90% dos títulos para autores estrangeiros. E, não necessariamente, de boa qualidade. Os tempos são assim e v. sabe. Foise, danou-se o tempo em que livreiro e editor, quando bons, eram verdadeiros missionários. A hora e vez é dos marketeiros — até a palavra tem um gosto diferente, soa a bandoleiro que saca as duas pistolas ao mesmo tempo. Enfim, mais um aspecto novo no país da cabeça pra baixo; de pistoleiros sem pistolas e de ditos capitalistas sem capital.

Mas aguardemos. A Ática tem gás pra queimar. E Jiro é uma figura simplesmente fora de série: culto, humilde, amigo de boas causas e idéias progressistas. Precisamos torcer pra ele.

Lobato, nosso Lobatuncho, é um fraterno amigo de mais de trinta anos. Nunca me faltou. Está acima da politicalha geral e é de uma humildade comovente. Sujeito raro, que as igrejinhas teimam em não reconhecer nacionalmente. Mas que homens avisados como Alfredo Bosi, você e outros já reconheceram.

A esquerda já cresceu e ainda crescerá. Estamos e vamos aprendendo. Aqui no Senzalão somos oprimidos, usados e manipulados. A direita gasta milhões de dólares pra eleger um presidente de proveta e usa e abusa da ignorância e do medo de um povo que nem como povo tem sido tratado. Mas a história caminha e o Senzalão há de acordar e perder o medo. Já está acordando. A direita elegeu sob trezentos milhões de dólares o presidente de proveta, Pinochio das Mentiras Fartas. Mas o fantoche triunfante é detestado (*detestar* é uma coisa, não *gostar* é outra) por dois entre três brasileiros. O fantoche vai rebolar. Deixá-lo voar no fim de ano levando 400 mil dólares para seus folguedos índicos e europeus. Deixá-lo voar... A trolha que ele pegará não será fácil.

Esses apressadinhos, Fábio, hão de comer cru. Os patrões deles, nacionais e inter, investiram 300 milhões de dólares para "eleger" o Pinochio Fantoche. Mas não há brasileiro decente ou competente que esteja querendo ser ministro dos quadrilheiros.

Espero que v. encontre um tempinho pra escrever sobre *Leão-de-Chácara*.

Continuo trabalhando os meus textos, conforme você leu no "Cultura" sobre o Formigão. É o que sei fazer, Fábio. E vou tocando o meu barco com um humilde orgulho brasileiro. Que de vista não perco.

Copacabana, 05/março/90.

Escrevo-lhe à mão, fugindo aos meus hábitos, pois, não estou podendo datilografar devido a uma crise prolongada de gota. Assim, álcool nem ver e carnes também não. É um regime tirânico.

Não tenho notícias de Jiro Takahashi. Tenho tentado telefonar sem sucesso. Parece-me que ele vai continuar na Estação Liberdade sem a Ática. Eu bem que gostaria de notícias, pois, todos os meus livros estão parados lá.

Pelo jeito a UBE voltou a ser o que já foi há alguns anos. Uma frente de maus e equivocados aspirantes à literatura. É de doer na alma e de torrar o saco.

A gota tem me atrapalhado bastante a viver e a escrever. Inda assim, faço alguma coisa. Confesso, no entanto, que não é nada fácil viver e escrever no Brasil tumultuado de hoje. Somos bombardeados diariamente pela inflação, pela corrupção galopante, assaltados pela roubalheira. Nunca vi o país tão mexido (no pior sentido) quanto agora.

De onde e como virá a porrada, não sabemos, mas sabemos que ela virá, implacável e perversa.

Espero que você tenha se livrado dos picaretas Junior, o japa atrapalhado e de seus baianos trambiqueiros! Puxa, é dose: no país, até os japoneses se transformam em meros picaretas conluiados aos daqui. Nosso miserê também é moral.

Fui convidado por Curitiba e Marília para trabalhos.

Vamos aguardar a trolha que virá no dia 15 — Deus, o Diabo e todas as forças intermediárias nos ajudem!

Parabéns pelo "Crepúsculo dos Símbolos"!

Desculpe-me a letra. Já não me ajeito a escrever à mão.

Estou vendo a década começar mal, péssima para o livro e o autor nacionais.

Copacabana, sábado da Aleluia, 14/4/1990.

Desculpe o longo silêncio. Amanhã fará um mês que vivo como quase todos atordoado no país que nem Panglos sonhava. 1984, estamos mais para 1984.

Nenhuma gentileza v. deve me agradecer. Você tem dado impulso às minhas coisas e quem lhe deve agradecimentos sou eu.

Imagine se democracia se contrói desse jeito: pisa-se na nova Constituição, ferem-se direitos humanos os mais primários, acaba-se com a cidadania do sujeito. Temos Estado ou só temos fisco?

Precisamos mais que nunca, de uma boa imprensa. É necessário, através de entrevistas profundas e amplas com homens que têm juízo, senso, agudeza reportar esse plano em todas as suas conseqüências. Há quinze dias neste país só se fala em cultura pra cortar. Indicado um Ministro da Educação que ainda não foi apresentado à matéria. O Executivo e o Legislativo pisaram na cabeça da gente. O país vai marchando para a depressão, além da recessão. E todos os números vão sendo manipulados. 1984.

Fiz um depoimento para o *Jornal do Brasil* no "Idéias" Livros, mas me publicaram um tantinho só, uma titica.

Tenho cobrado jornalistas. Há homens de nomeada que podem e devem falar, um Cardeal Arcebispo de São Paulo, D. Paulo Evaristo Arns, que tem posição clara. Os jornais não lhe estão dando o espaço suficiente. Violou-se a Constituição como um todo e agora vai-se violando em partes.

Necessário procurar um grande jurista, de tamanho internacional, e enquadrar isso com embasamento. É preciso que a gente se movimente. O dr. Sobral está velho e alquebrado, mas ainda temos gente inteira: Raimundo Faoro, Evaristo de Moraes.

Se não nos mexermos não nos devolvem a cidadania. E precisamos habilidade, trabalharmos firme e no silêncio. A porrada que levamos nos deixou aturdidos. Mas temos que botar a cabeça no lugar e minar como Maquiavel.

Desculpe a falação. Infelizmente não tenho temas amenos. E só sei que a gente precisa se mexer com inteligência e nunca isoladamente.

Copacabana, 09/7/90.

Depois do golpe Collor, o Perverso, como nos sambas de Noel Rosa, eu vou pulando como um sapo.

Topei fazer, durante a Copa da Itália, uma crônica diária no *Estadão* no caderno de esportes. Mando-lhe uma delas. ["Torcedor Larga a Mulher mas não Deixa o Clube", 21/junho/1990.]

Copacabana, 29/9/90.

Recebo sua carta, atenciosa com os meus escritos. Trabalho e retrabalho o texto, também vivo pensando em estruturas, soluções, modos de fazer. Sei que a muitos tudo isso passa ao largo, despercebido. Mas não há de ser nada. O importante é o que fica no papel.

Tenho sido vítima dos correios, certas e incertas trapalhadas. Mas creio que tudo se arranjará.

Muito trabalheiro por aqui. Inda bem. Nestes tempos colloridos, mais perversos e demagógicos, em que os grupos de esmoleiros, abandonados, maltrapilhos e loucos se ajuntam nas ruas, não tem me faltado trabalho. É o que tem me agüentado, Fábio Lucas. V. não desconhece que tirante os poderosos e os marajás de Brasília, todos nós estamos ganhando de três a cinco vezes menos o que deveríamos receber. E a inflação voltou a galopar. O governo diz que não tem responsabilidade e joga a culpa sobre a falta de *cultura* do nosso povo que só entende a vida com inflação.

Lobato me escreve sempre. Ele vive apertado, mas vai levando a vidinha.

Copacabana, 17 de outubro de 1990.

Elegante é você. E isso ficou provado ontem à noite, na Barra Funda, aí em São Paulo. Debaixo de pausada fala mineira, desculpe a redundância, você me fez uma apresentação de grande nível.

Apenas me esforço, trabalhando e retrabalhando meu texto. Creio muito numa frase de W. Faulkner, aquela que diz que a literatura nos ajuda a sofrer. E também que é sofrimento que nos diverte, como no poema de Carlos Drummond de Andrade.

Alguns me acham elegante escrevendo. Creio que aprendi isso com meu pai, grande inspirador de elegâncias, inda mais no comportamento e no conviver. Um grande humilde, que com certeza v. teria alegria em conhecer.

Também tenho para mim, Fábio Lucas, que há um ponto de honra a se preservar ao se fazer um produto cultural brasileiro. Uma literatura que tem como fundadores um Vieira e um Gregório de Matos Guerra, uma arte que tem como artista maior e fundador Aleijadinho, que já teve músicos como Pixinguinha e Garoto, o mínimo que tem de ser é elegante, fina, bem-feita. Fora disso, é serviço porco. Acho que devo e devemos todos, escritores, nos esforçar para merecermos o nosso passado e presente onde dança como primeiro bailarino Machado de Assis, o catimbeiro do Cosme Velho, que vai avançando no tempo e encrencando a vida de sabidos, críticos e exegetas de várias partes do mundo.

Copacabana, 22/12/90.

Enquanto por aqui continuo com a minha obra toda estagnada, graças à incúria editorial e mercê das perversidades dos bicancas, dos ministros de generalidades e dos homens que sabem javanês e que infestam o Planalto Central, na Alemanha continuo traduzido e estudado.

Envio-lhe agora este "A sua Arte não Permite Dois Amores", escrito em português pela estudante Michaela Krause, de Frankfurt, como resultado de um seminário dado sobre os meus livros, orientado por Luciano Caetano da Rosa, um português fascinado pelo Brasil e estudioso de tudo o que escrevo.

Creio que você gostará. É, no mínimo, um texto que demonstra o esforço com que se estuda uma literatura como a minha na Alemanha. As correções, feitas a lápis são do próprio Luciano Caetano da Rosa.

Nova tradução de conto meu, "Mariazinha Tiro-a-Esmo", em Berlim, sairá pelas edições Diá.

Aqui continuo banido das livrarias, esgotado e virando lenda, pois, sou um escritor de quem ninguém encontra os livros.

É o Brasil, a República das Bruzundangas, o reino do Jambon.

Fábio Lucas, um forte abraço. E um grande 1991, apesar dos bicões e dos bicancas, dos pulhas e dos safardanas.

1991

Salvador, 31/1/1991.

Escrevo-lhe aqui de Salvador, Bahia, a que vim a trabalho, pois como os jogadores de sinuca, estou quase sempre mais a jogo do que a passeio. "O equilibrista na corda bamba..."

Esta vinda está valendo mais como uma trégua entre as duas guerras — a do Oriente Médio e a outra, a nossa, que o governo move contra nós no dia-a-dia.

A Bahia está mudada, turistizada. As águas ainda são mornas, mas algumas vão bem poluídas. Há algumas modernices, xingadas de *shoppings* (será assim que se escreve?), surgidas como corpo estranho.

Mas a paisagem é magnífica, tropical, brasileira e um povo sestroso, alegre, musical. Nem parece um povo tão abandonado. Pobreza, sim. Mas em termos de miserê urbano, aquele que degrada com famílias inteiras vivendo na rua, como é o caso de Copacabana... não sei, não.

A Bahia ainda é a boa terra. E até a terra da felicidade. Para alguns.

Tenho escrito. A fatura literária me esgota, legítima briga de foice no escuro. Nada menos.

Receba um abraço saudoso do seu estivador.

Copacabana, 05/4/1991.

Enquanto os escândalos vão a mil ou a um trilhão de cruzeiros, meus livros estão banidos das livrarias. No entanto, continuo viajando o país a convite de universidades — como faço desde 1976. Nesse encontro de Passo Fundo, há um potencial de 1.500 participantes entre professores e alunos e virão convidados até do exterior.

[Anexo programa da IV Jornada Nacional de Literatura, promovida pela Universidade de Passo Fundo. João Antônio era convidado para proferir conferência sobre o tema "O Povão na Literatura", no dia 13 de junho de 1991.]

Copacabana, 4/6/1991.

Ando num trabalheiro e também numa correria. Dia 27 que passou estive em São Paulo para participar do lançamento de uma coletânea, *Crônicas do Estadão*, em que Moacir Amâncio, o organizador, pegou uma seleção de crônicas dos últimos 90 anos que foram publicadas por aquele jornal. Assim, desde Raul Pompéia, Euclides da Cunha, Monteiro Lobato, os três Andrades: Carlos Drummond, Oswald e Mário até os mais recentes como Fernando Sabino. Entrei com uma crônica. O livro teve uma tiragem de 30 mil exemplares e, creio, é importante. Até, a meu ver, para ser traduzido. Afinal, lá fora, não fizeram o que fizemos com o gênero e tenho a sensação de que um livro assim, publicado na Europa Central, por exemplo, teria o fino gosto de uma coisa rara e de bom tope. Como o palmito numa refeição.

Depois a correria. Dia 13 estarei em Passo Fundo, no Rio Grande do Sul, para conferenciar numa Jornada de Literatura. Depois, entre 17 e 24 farei um giro pelo Norte, Nordeste: Manaus, Belém, Recife, Maceió, Salvador e no dia 24, no Rio, Grande Otelo fará a interpretação de textos meus aqui na Biblioteca Nacional.

Bem, Na Bahia, em Salvador, estarei no dia 21.

Saudades da Bahia, a gente tem sempre. É fácil gostar da Bahia, a gente sente um comichão de ir ficando e demorando em Salvador, inda mais. Coisas. Não foi sem justo motivo que muita gente bem mais talentosa e ajuizada que eu se perdeu de amores pelas coisas, pessoas e ares baianos.

Recife, 20/6/91.

Depois de andejar Porto Alegre e Passo Fundo estive conferenciando em Manaus e Belém. Agora Recife e, hoje mesmo, Maceió. Depois Salvador e Rio. É uma maratona.

Estou defronte ao Capibaribe, majestoso e quase paralelo ao mar de águas verdes de Pernambuco. E o sol explode acima de 30° em todo o Norte e Nordeste. Por aqui tudo é mais Brasil.

Copacabana, 11/7/1991.

Sempre direi que se aprende com Fábio Lucas. Você tem me dado idéias oportunas. Uma delas foi a de ir organizando aos poucos a reunião das críticas saídas sobre meus livros. Agora, que um estudante de Rio Claro (Édison Luiz Lombardo) está preparando um trabalho grande sobre este aqui, é que entendo a grande e sábia mineirice de Fábio Lucas. Assim, lhe agradeço. E providenciarei a reunião desse baú hoje desarrumado.

Que lhe pareceu a 5ª Bienal de Literatura? Andou melhor que as outras? Senti um bom clima e creio que teve momentos de valor.

Você deverá estar recebendo, dia desses, um exemplar da 4ª edição do meu *Meninão do Caixote*, agora de roupa nova, reeditado pela Atual Editora. E também eu, não sou melhor que ninguém, entro na fila dos autores brasileiros órfãos, isto é, autores que precisam de uma adoção, como diz Fernando Sabino. É uma edição tentando a adoção dos professores. Pula o sapo por precisão e não por boniteza.

Apareceu a simpática coletânea de contos, organização de Julieta de Godoy Ladeira, pela Editora Moderna. Ficou muito boa e estou em ilustre companhia de Clarice, Murilo Rubião, José J. Veiga, Dalton Trevisan, Osman Lins e outros.

E deverá sair ainda este ano, novo livro meu, pela Scipione, *Zicartola*, numa coleção Diálogo. Vamos ver. O nome Zicartola é mágico e elegante, assim o senti desde que o vi pela primeira vez em 1965, ano do IV Centenário do Rio de Janeiro.

No momento, meio cansado, pois, ando num viajeiro sem jeito. Fui a Porto Alegre e Passo Fundo, depois estiquei para o Norte e Nordeste e fiz Manaus, Belém, Recife, Maceió, Salvador. Uma maratona com uma semana de Bienal Nestlé em São Paulo.

Copacabana, 10/8/1991.

Com sua licença, não concordo com a sua última carta, embora o felicite pela publicação de três livros, embora lhe agradeça o recorte da *Revista de Domingo* do *JB*, e as palavras entre generosas e exageradas — mais amigas que tudo — com que você me saúda.

Sou absolutamente contra pressão alta, *stress*, próstratas e dilatações, tonteiras e infernos sejam os que forem. Contra as dores de gota, então, nem se fala.

Sei, na pele, o que são esses achaques e macacoas. No entanto, é preciso lutar, dar uma levantada de cabeça, enfrentar esses homens de branco também chamados médicos.

Não estou no auge, nem nada. Sou apenas o pequeno João Antônio, aquele que só agora vai começando a descobrir certos mistérios. Minhas qualidades, Fábio Lucas, se tenho alguma, é que me entrego, meio monge e meio bandido, aos exercícios com a criação. E só.

Agradeço o meu retrato; mas quero-o vivo, são e Sábio Lucas. Outra coisa: v., mais que ninguém, me deve e está autorizado a escrever, não uma resenha, mas uma página dupla dos jornais sobre o trabalho deste escriba.

Você sabe muito bem que contamos com você, sua mineiridade calma, lúcida e certeira. Eu torço, sinceramente, para os homens de branco o botarem bom. E logo. Você é necessário.

1992

Copacabana, 23/2/1992.

Espero o seu pronto restabelecimento e que você vá tendo uma santa e subida paciência para conviver num país de desmando, patifarias e pererecos. Além das boatarias.

Nunca vi a área editorial e a cultural na situação a que chegamos. Vendas caídas, editoras não querendo investir nem em reedições de títulos conhecidos, tidos e havidos como importantes, todos só querendo aplicar com todas as certezas. Um jornalismo cultural que não pode sequer levar esse nome: pífio, calhorda, mais colonizado que... Há um impávido, solene e gigantesco desprezo e até escárnio por tudo quanto é produto cultural brasileiro. Nos jornais, nas revistas, no rádio e na tevê nem se fala.

Este país sofre nos dias de hoje de vários males. Dois ou três dos maiores: corrupção política generalizada, neurose da inflação e melancolia da escravidão. Impressionante e revoltante como se gosta de pagar com vileza a quem trabalha! Aqui, só aparecendo um novo Henry Miller, com uns trinta anos de idade e um vigor de gigante e cuspir na cara desses sovinas e safados o que eles são: a atual burguesia mais calhorda do mundo. E uma classe oficial que é uma vergonha.

Desculpe a minha indignação: ela, apenas irmã da sua. Mas é que já estou farto de ver as coisas retrocederem neste Brasil tão rico de produtos culturais, tão criativo e tão esmagado.

Copacabana, 13/4/92.

Uma pequena homenagem a Ricardo, um grande companheiro da gente. O nosso Ricardo.

[Anexa cópia de artigo "O Mestre do Silêncio", pela morte de Ricardo Ramos, publicado no *Jornal do Brasil*, em 10/4/92.]

Copacabana, 24/7/1992.

Acabo de ler no *D.O. Leitura* um artigo seu, "1922-1992: A Semana de Arte Moderna e o Modernismo", de que gostei bastante. Serão trabalhos como os seus que recolocarão a Semana de 22 num lugar mais devido, com menos alvoroço e menos equívoco. E acima das propagandas.

Parabéns!

Pelo artigo que escrevi sobre M. Lobato você verá que concordo com os seus estudos. [Anexa cópia xerox de artigo "O Lugar de Lobato", publicado em 6/5/92 no *Jornal do Brasil*.]

Copacabana, 19/8/1992.

E hoje chegou-me, enviada pela Atual Editora, a apresentação crítica para o meu livro de Jacarandás com o título de *Um Rei sem Paradeiro*. Você fez um apanhado excelente do livro e teve boa vontade, compreensão de tudo. Há muito tempo me surgiu este Jacarandá, nos tempos em que trabalhei no Norte do Paraná, em Londrina, produzindo o jornal *Panorama*, trabalhando com Narciso Kalili, morto recentemente aí em São Paulo. Kalili, novidadeiro, inteligente, poderá não ter sido (apesar de um prêmio internacional de jornalismo) o mais brilhante dos jornalistas que fundaram a revista *Realidade*. Mas, de longe, foi o mais humano. Sabia amar as pessoas. E a morte dele derreou alguns amigos aqui no Rio.

Os livros da Atual vendem bem. O preço é baixo em relação ao mercado e eles trabalham bastante o livro junto às escolas. *Meninão do Caixote*, coletânea minha editada pela Atual, já vendeu duas edições e agora está na 6ª. Sabem também fazer um livro bonito, de tipologia apropriada. Costumam acertar.

O país está ruim como nunca vi. A atmosfera está carregada, à incúria dos poderosos e à corrupção generalizada há o não pagamento de impostos quase como desobediência civil. Necessário, Fábio Lucas, que nos guardemos com nossos valores e fés, pois, qualquer problema pessoal nessa temporada pode crescer, inchar.

A gente luta o que pode, você vê. Nós trabalhamos.

1993

Copacabana, 12/3/1993.

Hoje fiz uma revisão no meu livro sobre Jacarandás, *Um Herói sem Paradeiro* e reli a apresentação crítica sua. Gostei de novo. Obrigado.

Mando-lhe também este pequeno (e bem incompleto) roteiro dos bares cariocas.

[Anexas páginas do tablóide *Rio Artes*, de dezembro 1992, que traz o longo artigo "Nos Bares e nos Botequins da Vida", com desenhos de Mário Barata.]

Copacabana, calor senegalês, 28/3/1993.

Muito lhe agradeço a sua carta. Mandarei remessa a Danilo Gomes que, pelo que sei, é irmão de um bom contista, Duílio Gomes.

Já falei com Afonso Carlos Marques dos Santos, um bom cabeça que mora na Usina. Felizmente o conhecia. Você deverá receber um exemplar de *No Rascunho da Nação: Inconfidência no Rio de Janeiro*.

É uma alegria quando se consegue servir um bom amigo.

A crise se estende. Mas não há impossíveis. No caso brasileiro, será necessária muita luta. O país tem desafios tremendos e contradições enormes.

1994

Copacabana chuvosa, 15 de maio de 1994.

Quero parabenizá-lo pelas excelentes respostas que deu a uma entrevista à revista da Câmara Brasileira do Livro. Você é sem favor nenhum uma das boas cabeças deste país e anima a gente a continuar a luta.

Eu o indiquei à Rocco, editora que está trabalhando a 4ª edição do meu *Casa de Loucos*. Você aceitando, para mim há de ser uma honra e alegria. Mas, claro, você tem toda a liberdade e, além do mais, sei que sua vida é um trabalheiro neste país que paga mal a todos os trabalhadores e, em que, lamentavelmente a dignidade está rareando.

Estou fazendo semanalmente uma página na *Tribuna da Imprensa* para o segundo caderno, a "Tribuna Bis". E gostaria de lhe entrevistar. Você podendo, por favor, responda às perguntas que lhe farei. Além delas, vou precisar de foto sua e dados biobibliográficos, além de uma panorâmica das atividades que você pretende desenvolver na UBE. Você fique à vontade com as questões que levanto:

1. Como se prepara o Brasil para se fazer representar na Feira Anual do Livro em Frankfurt?

2. Como você vê a cultura brasileira durante o governo Collor?

3. Uma editora me enviou um projeto sugerindo que os novos autores brasileiros tivessem patrocinadores através de grandes empresas, principalmente bancos. O que você pensa disso?

4. E o jornalismo cultural brasileiro?

5. Temos tido um número razoável de bons poetas e prosadores e não conseguimos fazer um público leitor

razoável. O que você sugere para que tenhamos mais bibliotecas públicas, mais livrarias, mais público?

6. Todos começam pela escola. Quais as sugestões para um novo ensino no Brasil?

Copacabana, 25/6/94.

Desculpe o atraso em lhe responder. É que eu pretendi que o jornal me devolvesse também a foto que você me enviou. A matéria publicada na *Tribuna da Imprensa* criou alguma repercussão, conforme você já pôde sentir. Também lhe agradeço bastante a remessa de cópia da orelha que fez para *Casa dos Loucos*, cuja quarta edição deverá sair pela Rocco antes da Bienal aí do Ibirapuera. Enquanto correm boatos por aí sobre a ida e não de escritores brasileiros a Frankfurt, a televisão alemã ZDF tem me procurado bastante e inteciona fazer um vídeo sobre mim e o que escrevo. Aqui, a feira das vaidades é grande, boatos correm, fuxicos e falações. A verdade é que se deixou tudo para a última hora e não se sabe se o atual Ministro da Cultura conhece os escritores brasileiros. Enfim, tudo cheira mal.

Quem editou a matéria na "Tribuna Bis", ora o trata de Fábio e, depois de Flávio. Peço-lhe que desculpe.

Copacabana, 29/10/94.

Casa dos Loucos, agora em sua quarta edição, está em mãos de Rocco, que tem a fama de grande e agressivo vendedor. Vejamos. Torçamos.

Lamentável, verdadeiro vexame o tal manifesto dos escritores brasileiros em Frankfurt, saudando

Fernando Henrique Cardoso. Em português dos botequins do Rio de Janeiro, xexelentos e decadentosos: são uns lambe-cus, uns baba-ovos. Nem bem o homem... nem foi empossado e já está formado um cordão de puxa-sacos. Claro que todos querem empregos polpudos e sinecuras. O país oficial promete piorar. E bem. São uns invertebrados.

Quando em quando, aqui no Rio, almoço com Paulo Mercadante, seu amigo e que me fala bem de você. Ele tem cultura e tranqüilidade e é um grande papo.

1996

Copacabana meio enfarruscada e nevoenta, quase chuva, 31/3/1996.

Como a minha loucura aumenta a cada novo dia, pois, não sendo um wildeano, redigo que o único pecado imperdoável é o tédio, vou tratando de meter coisas novas em minha vida para não soçobrar. Continuar ativo e, se possível, aceso.

Metáfora é metáfora e não devo abusar. Mesmo nas minhas licenças poéticas, que v. tão bem conhece e, segundo sei, aprecia. Sem entrar em detalhes e não contando o segredo, a verdade é que estou consumindo cocaína e heroína ao mesmo tempo. Descobri baratos incomensuráveis. Nesse momento, ouço Franz Liszt, *Concerto para Piano e Orquestra n° 4* e a palavra admirável é fraquinha. Compreendo na alma, agora, porque meu pai tanto admirava o compositor e pianista húngaro. Trata-se de um canalha a ser amarrado a um pelourinho e sovado de modo exemplar pra largar a mão de ser zombeteiro. Trata-se de intimorato sacanocrata. Um ousado.

Você lerá uma enfiada de cartas. A cocaína me permite ir me comunicando com um bando de amigos simultaneamente, invenção satânica e, decerto, divina. Afinal, não cometo nenhuma indiscrição. São amigos meus de lugares diferentes, têm similitude de assuntos e temperamento, e em principal, alimentam e me levam a recultivar a minha loucura impenitente.

Sábio Lucas: eu lhe peço o que pedi aos outros pares. A sua opinião descarnada, franca e, portanto, amiga, sobre o texto que ora lhe envio e, sem fricotes, nunca pensei escrever. Não é modéstia, não, v. me conhece. Assim, como você não conta topar algumas criaturas pela proa, subitamente lhe baixa algo misterioso e inusitado.

A sua opinião é aguardada, pois, importante para mim, v. sabe.

Terei novidades editoriais este ano, mercê de Deus e de muito trabalho e também de imensa paciência. Pelo menos, Fábio Lucas, três ou quatro livros meus irão para as livrarias. Pela Ática, pela Scipione e pela Top Books. (Esse Liszt é um demônio magiar.)

Meu velho, v. é um homem sóbrio, trate de compreender toda essa doidera e me dê sua opinião crítica e lúcida, pois, assim vai me ajudar e muito, não pagará impostos e ficará bem com Deus.

[Reproduziam-se cartas a Wander Piroli, Maneco Müller/Jacinto de Thormes e Cassiano Nunes. O texto referido na carta intitula-se "CHOROS — para Pintagol e Cuíca", em forma de poema.]

Copacabana, 27/maio/1996.

Quero lhe agradecer a atenção que você dedicou à minha tentativa de um poema. Você, como sempre, se expressa com sabedoria e amadurecimento. Seu parecer já me leva a algumas reflexões e estas, sem dúvida, precisam amadurecer.

Também quero deixar claro que, acima de tudo, sua atenção me foi muito útil. Talvez o texto que lhe mandei, resultado de um acidente extraordinário ou incrível, pertença mesmo a um corpo maior e só o trabalho e o tempo dirão, precisa crescer ou derivar e ganhar outras dimensões.

Enfim, a velha coisa, Fábio Lucas. A literatura não dá sossego a quem se mete com ela, amante implacável e nunca saciada, aventura sem volta. A gente termina (ou pensa que terminou) um texto e se promete nunca mais se meter em encrenca semelhante. Quando vê, está metido numa pior. E não há cair fora, só há continuar. Pior, escrever fica cada vez mais difícil.

Sei de sua vida muito ocupada e tempo escasso. Também por isso desejo reforçar a minha gratidão pela sua paciência e boa vontade.

E creia, Fábio Lucas, senti amizade em suas palavras, o que me comove.

Espero que você já tenha recebido o seu exemplar autografado de uma coletânea minha, *Patuléia*, editada pela Ática.

Reminiscências de
João Antônio

Fábio Lucas

Na seqüência da releitura de algumas cartas de João Antônio, foi-nos possível restaurar imagens de nossa convivência. Os contornos do amigo foram avivados, com o reforço de suas palavras afetuosas, constantes das inúmeras dedicatórias.

O contista costumava enviar textos para mim, solicitando minhas observações. Eu sentira desde cedo o nascimento do ficcionista, que se fazia cada vez mais conhecido e apreciado. Rigoroso com a própria produção, sentia-se ele inseguro por não ter tido uma escolaridade formal. E assim buscava amparar-se nos amigos que julgava mais aptos a indicar-lhe rumos. Mas era um virtuoso, que apurava a cada dia o seu instrumento.

Paralelamente à escrita dos contos, João Antônio se aplicou ao jornalismo, numa entrega total. Além de lhe assegurar o ganha-pão, a experiência lhe dava meios de aprofundar-se na arte da comunicação. Tornou-se exímio profissional e, a certa época, foi recrutado pela revista *Realidade*, então estimadíssima pelo público, dados os conteúdos e o estilo com que fornecia informação. Já instalada a ditadura no Brasil, *Realidade* se tornou um capítulo especial do jornalismo brasileiro.

Foi quando fui visitado por João Antônio na Faculdade em que eu trabalhava em Belo Horizonte. Inaugurava-se então o estádio Mineirão, e a batalha futebolística se polarizou entre o Atlético e o Cruzeiro. João Antônio desejava que eu interpretasse sociologicamente o fenômeno do Mineirão e da sua influência no comportamento dos belorizontinos. Parte do que disse ficou transcrito na reportagem de João Antônio na *Realidade* e, tempos depois, voltei ao tema no livro *Mineiranças* (Belo Horizonte, Oficina de Livros, 1991).

De regresso do exterior, passei a residir em São Paulo. Habituamo-nos a nos freqüentar em encontros literários, lançamentos e mesas-redondas. Dois autores chamavam a atenção de João Antônio obsessivamente: Lima Barreto e Machado de Assis. Dois mestres da ficção. Mulatos, o segundo se distinguiu como o escritor-símbolo do país; e o primeiro, Lima Barreto, tornou-se para João Antônio uma projeção dos próprios desajustamentos sociais.

A ficção de João Antônio, como a de Lima Barreto, está plena de ironia, quando não até de sarcasmo, quanto à elite dominante.

Do autor de *Triste Fim de Policarpo Quaresma* o contista paulistano retirava o ataque direto à impostura e ao cabotinismo dos dominadores. Ao mesmo tempo, a ternura e o olhar desarmado, inocente, quase poético, para os marginalizados.

Do outro mulato, Machado de Assis, João Antônio seguiu a lição do texto escorreito, ligeiramente malicioso, expurgado de enfeites e lantejoulas. Na mesma linha, outra admiração literária, Graciliano Ramos, ensinou a João Antônio a adotar um estilo seco e agressivo.

Durante largo tempo, em diferentes ocasiões, apliquei-me à interpretação e análise das obras de João Antônio. Reuni tudo no estudo "Reflexões sobre a Prosa de João Antônio" para o volume da revista *Remate dos Males* da Unicamp, organizado por Antônio Arnoni Prado, e dedicado à memória do contista.

Pelo carinho com que escrevia para mim, verifica-se que João Antônio sabia ser ameno e até caloroso com os poucos de seu círculo de relações. Fui seu companheiro de viagem a Cuba, em 1987, como jurados do Prêmio Casa de las Américas. Ele já manifestava problemas de circulação sanguínea. O jornalista e escritor Fernando Morais e eu nos encarregamos de carregar a bagagem do companheiro.

Tivemos lá inesquecível convivência. O governo cubano, ante solicitação dos brasileiros, destacou alguns enfermeiros para acompanhar o nosso contista. Deram-lhe tratamento dentário e da sua enfermidade maior, a mesma que teria levado à morte do pai. João Antônio, astuto, viu logo ali a oportunidade de cuidar da saúde. Sugeriu-me que pedisse ao diretor da Casa de las Américas, Roberto Fernández Retamar, que lograsse a sua permanência numa clínica, por dois meses, após o nosso regresso ao Brasil. Assim, João Antônio não voltou com a nossa delegação e lá ficou a se tratar.

Num dos seus arroubos de euforia, propôs que eu, de volta ao Brasil, iniciasse um movimento nacional para torná-lo o nosso agente cultural em Cuba. Tive de dissuadi-lo dessa última pretensão com a óbvia alegação de que eu não teria força de levar o seu nome ao governo, do qual eu estava distanciado há muito.

O tratamento afetivo que ele me dá, nos seus bilhetes, de "Sábio Lucas", creio ter sido apropriação de charmoso designativo de Fernando Morais a mim dirigido, durante nossa missão em Havana.

João Antônio teve várias experiências de viagens à

Europa e aos diferentes recantos do nosso país. Exemplos dessa mobilidade encontram-se nos seus textos. Amsterdam e a Ilha de Itaparica, *v.g.*, fazem o pano de fundo de algumas de suas incríveis narrativas, as reportagens-contos de que era autor.

Outro lado muito evidente de sua personalidade era o apreço que devotava à música popular. Aí se nota a marca da herança paterna. João Antônio se orgulhava do conjunto musical a que pertencera. Nos escritos, um nome recorrente, Noel Rosa. Sem nos esquecermos, evidente, das múltiplas homenagens que dedicou a Cartola.

Desses e de outros aspectos tratei ao longo de nosso intercâmbio. Estive presente à primeira homenagem póstuma que lhe foi tributada na Biblioteca Mário de Andrade. Na ocasião, sugeri convites a Manoel Lobato e Wander Piroli, dois amigos constantes de João Antônio. E, conforme disse acima, expressei minha opinião acerca do conjunto de sua obra na revista *Remate dos Males*, tendo ajudado o grande amigo Antônio Arnoni Prado, excepcional intérprete da literatura brasileira, na organização do número especial que foi dedicado ao contista. Ecos de João Antônio se farão ouvir pelos tempos, todas as vezes em que se falar do conto brasileiro que tomou por tema as disparidades sociais das cidades de São Paulo e do Rio de Janeiro. Iguais a ele tivemos poucos analistas de nossa periferia urbana.

Fábio Lucas,

mineiro de Esmeraldas, escritor e crítico literário, exerceu múltiplas atividades, seja no magistério, seja na direção de entidades várias. É membro da Academia Mineira e da Academia Paulista de Letras. De sua obra publicada, destacamos, no campo da crítica: *Temas Literários e Juízos Críticos* (1964), *Horizontes da Crítica* (1965), *O Caráter Social da Literatura Brasileira* (1970, 1976), *A Face Visível* (1973), *Poesia e Prosa no Brasil: Clarice, Gonzaga, Machado e Murilo Mendes* (1976), *Razão e Emoção Literária* (1982), *O Caráter Social da Ficção no Brasil* (1985, 1987), *Vanguarda, História e Ideologia da Literatura* (1985), *Do Barroco ao Moderno* (1989), *Mineiranças* (1991), *Interpretações da Vida Social* (1995), *Literatura e Comunicação na Era da Eletrônica* (2001), *Expressões da Identidade Brasileira* (2002), *O Poeta e a Mídia — Carlos Drummond de Andrade e João Cabral de Melo Neto* (2003); no campo da Economia e Ciências Sociais: *Introdução ao Estudo da Repartição da Renda* (1959), *A Remuneração do Trabalhador* (1959), *A Redistribuição da Renda* (1963), *Intérpretes da Vida Social* (1968), *Síntese da História Econômica em Minas Gerais* (1970), *A Guerra do Brasil* (2000). Aventurou-se também na ficção: *A Mais Bela História do Mundo* (1996).

Pós-escrito de
Manoel Lobato*

---

* De Manoel Lobato, autor de numerosa e notável escrita em romances, contos e novelas, tivemos o privilégio de editar: *Cartas na Mesa — Memórias*, São Paulo, Oficina do Livro Rubens Borba de Moraes/Imprensa Oficial, 2002.

Literatura pode
gerar amizade

Manoel Lobato

Eu morava em Vitória no ano de 1960. Comprei um exemplar do jornal capixaba *A Gazeta* num domingo. Veio junto um suplemento chamado *Singra*, editado por Mauritônio Meira no Rio de Janeiro e encartado no principal jornal de cada capital dos Estados brasileiros. Nesse número de *Singra* havia um conto com o título de "Frio", assinado por João Antônio. Fiquei surpreso com a excelência do conto — texto perfeito e comovente — e também me surpreendi com o nome do autor que me pareceu ser pseudônimo. Como um contista tão competente poderia esconder-se? O nome João Antônio, comum, não era conhecido nem divulgado ainda.

Fui a passeio ao Rio de Janeiro naquela semana e procurei conhecer o escritor Esdras do Nascimento, que escrevia crítica literária para a *Tribuna da Imprensa*. Ele era jovem, funcionário do Banco do Brasil. Acho que ainda não havia publicado livro nenhum. Seus textos eram um tanto ácidos, ásperos; o crítico era muito severo. Ele morava em Copacabana, na rua Barata Ribeiro. Ainda era solteiro. Disse-me então que o nome João Antônio não era pseudônimo e, sim, nome de um escritor muito novo, revelado em concurso nacional. Deu-me o endereço de João Antônio Ferreira Filho, que devia ter uns 19 ou 20 anos. Eu tinha 35. O autor de "Frio" morava em São Paulo, freqüentador de bordéis e jogava sinuca com apostas elevadas.

Sou epistoleiro treinado. Recebo e escrevo cartas desde meu tempo de internato. Tenho essa mania. Há várias pessoas que moram em Belo Horizonte e que me escrevem sempre.

Minha correspondência com João Antônio durou até a morte dele. Não me lembro da data de seu falecimento, mas acho que já faz mais de cinco anos. Conheci a primeira mulher de João Antônio, a mineira Marília Andrade. Guardei uma foto do filho do casal, ainda menino, durante muitos anos. Devolvi o retrato na semana em que João Antônio morreu. Seu único filho, Daniel Pedro, que conheci já adulto, me falou sobre a foto.

João Antônio lia os originais de meus contos, dava-me conselhos literários. Eu também lia seus originais e dava alguns palpites. Ele mesmo me pedia: "Deixe seu lápis vermelho correr solto, como sempre". Um dia me pediu a devolução dos livros dele que me dera com dedicatória, alegando que não tinha exemplar nenhum em seu poder. Devolvi todos. Algumas de suas cartas vinham num papel fino, cópia de papel-carbono. O original seria para outro amigo. Ele acrescentava um pós-escrito com sua letra miúda, a fim de tornar a missiva menos formal, diminuindo-lhe o estilo de circular. Uma dessas cartas era um texto literário, narrando a convivência do autor com um cágado. Conto sofrido sobre a solidão.

Conheci, além de Marília, uma só entre as várias amásias de João Antônio. Ela se chamava Teresa, era mulata bonita, que ganhou um desses concursos do tipo Miss Objetiva, no Rio de Janeiro. No começo de nossa troca de cartas, João Antônio morava em São Paulo.

Mudou para o Rio de Janeiro. Fui visitá-lo algumas vezes. De Vitória, no início de 1965, mudei para Belo Horizonte, onde fui visitado várias vezes por João Antônio. Ele era muito supersticioso. Sempre foi amável e generoso comigo.

Ele veio a Belo Horizonte julgar um concurso. Ficou bêbado no hotel. Chamaram-me para controlar seus ímpetos de maluquices. Vi meu amigo de porre. Era a primeira vez que o via transtornado, ora dizendo que era um palhaço, merduncho, ora afirmando ser genial.

Com dedicatória e data de 12 de setembro de 1991, restou-me apenas um livro de João Antônio, da série Diálogo, Editora Scipione, crônicas, com o título: *Zicartola e que tudo mais vá pro inferno!* Transcrevo a dedicatória: "Para meu irmão nesta briga desigual com as palavras, incentivador amigo fora de marca. Gostaria de sua opinião". O prefácio é de Ricardo Ramos.

Sagr. Fam., BH/MG, 18 de fev°, 2004, 9h. manhã fria.

Índice onomástico

ABDALA JR., Benjamin, 97
ALEIJADINHO, 118
ALMEIDA, Manoel Antônio de, 51, 53, 96
ALVES, Henrique L., 18, 46, 70, 84
AMADO, Jorge, 16, 75
AMÂNCIO, Moacir, 121
ANDRADE, Carlos Drummond de, 53, 118, 121, 139
ANDRADE, Castor de, 102
ANDRADE, Jeferson Ribeiro, 76, 77
ANDRADE, Mário de, 35, 76, 121
ANDRADE, Oswald de, 121
ANDREATTO, Elifas, 61, 110, 111
ARLT, Roberto, 18
ARNS, D. Paulo Evaristo, 116
ARRAES, Miguel, 14
ARROYO, Leonardo, 17, 44
ASSIS, Machado de, 118, 136

BARATA, Mário, 128
BARRETO, Lima, 39, 51, 53, 55, 95, 96, 107
BARROSO, Juarez, 55, 56, 57
BELL, Lindolf, 14

BORGES, Jorge Luis, 51, 52
BOSI, Alfredo, 66, 113
BRASIL, Assis, 14
BRITO, Mário da Silva, 13, 15, 17, 19, 30, 33, 39
BUCK, Pearl, 21

CABELLO, Ana Rosa Gomes, 110
CALLADO, Antônio, 16, 104, 105, 106
CAMPOS, Dr. Marcos Amaral, 109
CAMPOS, Milton, 14
CAMPOS, Roberto de Oliveira, 33
CANDIDO, Antonio, 75
CAPOTE, Truman, 49, 64
CAPOVILLA, Maurice, 34, 35, 55, 66
CARDOSO, Fernando Henrique, 131
CARLOS, Roberto, 32
CARNEIRO, Luiz Mauro, 79
CARNEIRO, Manoel, 79
CARTOLA, 138
CARVALHO, José Cândido de, 52, 53
CAVALCANTI, Waldemar, 30

CAVALHEIRO, Edgard, 44
CERVANTES, 51
COELHO, Nelly Novaes, 45, 84
COLLOR DE MELLO, Fernando, 117, 129
CONDÉ, José, 30
CORTÁZAR, 51, 52
CUNHA, Euclides da, 121
CUNHA, Fausto, 13, 15, 16, 28, 92

DANTAS, Paulo, 14, 34, 45
DANTAS, Roberto Stuart, 68, 69
DELFIM NETO, 47
DOSTOIEVSKY, 51
DOURADO, Waldomiro Autran, 95, 96
DRUMMOND, Roberto, 50
DURIGAN, Jesus Antônio, 110, 111

ENGLER, Erhard, 104, 105

FAORO, Raimundo, 116
FARIA, Álvaro Alves de, 62
FAULKNER, W., 118
FERNANDES, Millôr, 48
FIGUEIREDO, André, 27
FLEMING, Ian, 21
FONSECA, José Rubem, 92
FORTUNA, 72
FRYDMAN, Carlos, 23, 83
FUENTES, Carlos, 52

GAROTO, 118
GARRINCHA, 26
GAZZANEO, Luiz Mário, 54
GODOY, Igor, 108
GÓES, Fernando, 40, 44
GOMES, Danilo, 128

GOMES, Duílio, 128
GRACIOTTI, Mário, 38
GUARNIERI, Gianfrancesco, 55
GUERRA, Gregório de Matos, 118

HIRSCH, Eugênio, 23
HOHLFELT, Antônio, 102

IBIAPABA, 14
ISGOROGOTA, Judas, 43, 83
IVO, Lêdo, 26

KALILI, Narciso, 126
KRAUSE, Michaela, 119

LADEIRA, Julieta de Godoy, 79, 123
LAJOLO, Marisa, 97
LAURITO, Ilka Brunilde, 22, 80, 81
LEAL, José, 46
LIDMILOVÁ, Pavla, 89, 91, 105
LINS, Osman, 40, 45, 123
LISPECTOR, Clarice, 123, 139
LISZT, Franz, 132, 133
LOBATO, Manoel, 9, 89, 90, 91, 94, 97, 107, 112, 113, 118, 138, 140, 141
LOBATO, Monteiro, 121
LOMBARDO, Édison Luiz, 122

MACHADO, Alfredo, 76
MACHADO, Sérgio, 76
MAIA, Prestes, 14
MAILER, Norman, 49, 64
MAQUIAVEL, 116
MARCOS, Plínio, 73
MARÍLIA (Andrade), 22, 23, 82, 84, 91, 92

MÁRQUEZ, Gabriel García, 51, 52

MARTINS, Wilson, 76

MEDAUAR, Jorge, 103

MELLO, Maria Geralda do Amaral, 27, 30, 31, 40, 44, 83

MENEZES, Raimundo de, 14

MEIRA, Mauritônio, 141

MILLER, Henry, 125

MILLIET, Sérgio, 35

MORAES, Evaristo de, 116

MORAIS, Fernando, 137

MÜLLER, Maneco, 133

NADER, Wladyr, 65

NASCIMENTO, Esdras do, 13, 14, 15, 27, 45, 55, 141

NUNES, Cassiano, 54, 99, 133

OTELO, Grande, 121

PAES, José Paulo, 103

PAIVA, Mário Garcia de, 48

PEDRO, Daniel, 92, 93, 142

PEIXOTO, Mário, 27

PELEZÃO ("o Guru"), 102, 103

PIROLI, Wander, 54, 89, 96, 133, 138

PIXINGUINHA, 118

PÓLVORA, Hélio, 13, 21, 31, 50, 54

POMPÉIA, Raul, 121

POUND, Ezra, 95

PRADO, Antônio Arnoni, 137, 138

PRADO JR., Caio, 38, 39

PRATOLINI, Vasco, 49, 64

PROUST, 19

RAMOS, Graciliano, 51, 53, 101, 136

RAMOS, Ricardo, 44, 79, 126, 143

REBELO, Marques, 17, 58

REIPERT, Hermann José, 14, 16, 18, 20, 23, 24, 25, 31, 33, 35, 40, 44, 54, 84

REIPERT, Terezinha, 84

RETAMAR, Roberto Fernández, 137

RIBAMAR (José Sarney), 111

RIBEIRO, João, 97

RIBEIRO, João Ubaldo, 100

RIBEIRO, José Hamilton, 89

RIBEIRO, Leo Gilson, 58, 76

RIEDEL, Diaulas, 44

RIZZINI, Jorge, 81

RÓNAI, Paulo, 67, 75

ROSA, J. Guimarães, 16, 76, 91

ROSA, Luciano Caetano da, 119

ROSA, Noel, 46, 117, 138

RUBIÃO, Murilo, 50, 53, 91, 123

SABINO, Fernando, 121, 123

SALES, Herberto, 45

SANDRONI, Cícero, 24, 65, 66, 69, 70

SANT'ANNA, Sérgio, 50, 72, 96

SANTOS, Afonso Carlos Marques dos, 128

SANTOS, João Felício dos, 90

SANTOS, Roberto, 34, 35

SARNOSO (José Sarney), 111

SASSI, Guido Wilmar, 14, 16, 55

SCALZO, Nilo, 111, 112

SCHMIDT, Afonso, 35, 39

SCHWARZ, Roberto, 104

SILVA, Aguinaldo, 58
SILVEIRA, Ênio, 16, 17, 20, 39, 49, 54, 57, 60, 62, 63, 64, 67, 72
SILVEIRA, Helena, 44
SOBRAL (Pinto), 116
SPALDING, 62, 63
SUED, Ibrahim, 47

TAKAHASHI, Jiro, 97, 110, 113, 114
TELLES, Lygia Fagundes, 44
TERESA, 142

THORMES, Jacinto de, 133
TREVISAN, Dalton, 30, 123
TRINDADE, Solano, 25
TUFANO, Douglas, 104

VEIGA, José J., 50, 51, 56, 57, 123
VIEIRA, Amir, 18, 43, 83, 84
VIEIRA, Padre Antônio, 118
VIEIRA, Cora Rónai, 67, 68

WEST, Morris, 21
WILLER, Cláudio, 103

fecit

Título	Cartas aos Amigos Caio Porfírio Carneiro e Fábio Lucas
Autor	João Antônio
Capa	Negrito Design
Editoração Eletrônica	Claudio Giordano
Formato	12,5 x 19 cm
Tipologia	Times New Roman
Papel de Miolo	Pólen Soft 80 g/m²
Papel de Capa	Cartão Supremo 250 g/m²
Número de Páginas	148
Impressão	Lis Gráfica
Fotolito	Liner Fotolitos